Mozart et Don Juan
— Nouveaux documents publiés en Russie, en Angleterre et en Amérique

P. Scudo

1849

WOLFGANG MOZART

ET

L'OPÉRA DE DON JUAN.

LORENZO DA PONTE. — NOUVEAUX DOCUMENS.

I. — *Nouvelle Biographie de Mozart*, par Alexandre Oulibicheff. Moscou, 5 vol. in-8°.

II. — *The Life of Mozart, including his correspondence*, by Edward Holmes. London. 4 vol. in-8°.

III — *Memorie di Lorenzo da Ponte scritte da esso*. Nuova-Yorca, 5 vol. in-12.

Que n'a-t-on pas écrit et sur la vie de Mozart et sur le drame où il a condensé toutes les merveilles de son génie ! Les poètes surtout, les romanciers et les artistes se sont emparés, depuis une trentaine d'années, du sujet de *Don Juan*, et ont élevé autour du chef-d'œuvre de Mozart une sorte de légende mystérieuse à travers laquelle il est assez difficile d'apercevoir la vérité. Le premier écrivain qui ait jeté un regard perçant sur l'œuvre bien-aimée de Mozart, celui qui en a d'abord compris et révélé la profondeur, on l'a déjà nommé, c'est Hoffmann. Cet homme éminent, qui joignait à des connaissances très réelles en musique une imagination souple, féconde, et la double vue de l'initié, nous a raconté, dans une page admirable que tout le monde a lue, au milieu de quels ravissemens de la pensée lui était apparue un soir la grande figure de don Juan. Dans ce récit, où la fiction se confond avec la réalité, et où la critique la plus pénétrante se cache sous les arabesques fantastiques d'un rêve de poète, Hoffmann s'élève jusqu'à l'idéal du compositeur, s'anime de son souffle et découvre le secret de son drame terrible, dont il nous explique les lugubres merveilles. C'est Hoffmann qui a éveillé l'attention de l'Europe sur la portée philosophique du chef-d'œuvre de Mozart et qui en a le premier indiqué le sens mystérieux. Il se présente ici une question : — Dans quelle mesure faut-il accepter cette poétique interprétation de la pensée du musicien ? La figure de don Juan, telle que l'a popularisée le vigoureux pinceau d'Hoffmann, est-ce bien celle qui vit et respire dans le poème de Mozart ? Ce grand artiste, dont les goûts simples et le caractère naïf étaient à l'unisson de sa vie modeste et laborieuse, a-t-il eu conscience des idées sublimes et des aspirations infinies que lui prête son ingénieux et romanesque commentateur ? Quelle est enfin la véritable signification de l'opéra de *Don Juan,* et que faut-il penser des magnifiques peintures qu'il a inspirées aux poètes depuis qu'Hoffmann leur eut appris à déchiffrer l'harmonie de Mozart ? Ces questions d'un ordre supérieur en soulèvent d'autres qui en sont la conséquence nécessaire. Pourrait-on affirmer, par exemple, que la musique de *Don Juan* ait jamais été populaire ? Qui oserait dire qu'elle ait été jamais bien comprise par cette foule qui remplit d'ordinaire une salle de spectacle ? Cet opéra unique, que Mozart disait n'avoir composé que pour lui et quelques-uns de ses amis, n'est-ce pas une de ces conceptions destinées aux ames d'élite, qui seules peuvent en goûter les délicatesses infinies, et devant lesquelles s'incline le vulgaire comme devant un idéal suprême dont il entrevoit à peine la profondeur ? Il nous a paru que ces questions valaient la peine d'être examinées de près. D'ailleurs, si l'étude des grands maîtres a toujours son à-propos, il y a des époques dans l'histoire de l'art où l'on sent plus vivement encore le besoin de se recueillir dans la contemplation des chefs-d'œuvre du passé, pour se défendre et se fortifier contre les défaillances et les sombres tristesses du présent.

Un poète charmant a dit avant nous, en parlant du type de *Don Juan* :

> Il en est un plus grand, plus, beau, plus poétique,
> Que personne n'a fait, que Mozart a rêvé,
> Qu'Hoffmann a vu passer, au son de la musique,
> Admirable portrait qu'il n'a point achevé…[1].

Le poète a raison. En effet, jamais l'opéra de *Don Juan* n'a été l'objet d'une étude patiente et détaillée, jamais une main pieuse et discrète n'a essayé d'en analyser les délicatesses et n'a tenté de pénétrer dans la vie intime du musicien pour y saisir le lien mystérieux qui rattache l'homme à son œuvre bien-aimée, et cette œuvre au siècle qui l'a vue naître. N'est-il pas étonnant que l'Allemagne, si jalouse de la gloire de ses enfans, l'Allemagne qui a publié des volumes de gnose sur le *Faust* de Goethe, ait été moins respectueuse envers le génie et le drame Mozart ? Nous voudrions réparer cet oubli, nous voudrions achever le portrait qu'Hoffmann nous a laissé comme une ébauche vigoureuse de Rembrandt, et l'encadrer dans un tableau historique où la vie du musicien servirait de commentaire à son chef-d'œuvre. Des documens nouveaux sur Mozart ont paru depuis quelques années et sont venus jeter quelque lumière sur les circonstances comme sur les dispositions secrètes qui ont inspiré l'auteur de *Don Juan* ; ils nous aideront peut-être à découvrir la source profonde d'où est sortie le plus beau de tous les opéras, l'une des merveilles de l'esprit humain.

Tout le monde sait que la veuve de Mozart, qui est morte en avait épousé, en 1842, avait épousé, en 1809, un conseiller d'état du roi de Danemark, George-Nicolas de Nissen Après la mort de son second mari, arrivée en 1826, elle publia, en 1828, un gros volume sur la vie et les ouvrages du grand artiste dont elle avait été la compagne. Ce livre, qui renferme toute la correspondance de la famille de Mozart, des articles de journaux, des portraits, des morceaux de musique, etc., est un recueil de documens authentiques confusément entassés par M. de Nissen, sans critique et sans indépendance. Un Russe, M. Alexandre

Oulibicheff, amateur très distingué et membre honoraire de la Société philharmonique de Saint-Pétersbourg, a consacré dix ans de sa vie à dépouiller, et à mettre en ordre la compilation de M. de Nissen, d'où il a tiré une *Nouvelle Biographie de Mozart, suivie d'une analyse de ses principales oeuvres.* L'ouvrage de M. Oulibicheff a paru à Moscou en 1843 ; il est écrit en français avec une certaine vivacité de style qui n'en dissimule pas cependant toujours les incorrections. Il contient des faits intéressans sur la vie de Mozart et d'excellentes observations sur ses œuvres. Le livre de M. Oulibicheff, qui témoigne des connaissances solides et assez étendues que l'auteur possède en musique, est long, souvent diffus, et n'est pas exempt du défaut qu'on reproche à la compilation du conseiller de Nissen Il a paru également à Londres, en 1845, une *Vie de Mozart*, par Edward Holmes, qui est écrite avec exactitude et clarté ; mais un livre plus curieux, très peu connu en Europe, et dont M. Oulibicheff lui-même a ignoré l'existence, Ce sont les *Mémoires* de Lorenzo da Ponte, l'ami et le collaborateur de Mozart, le poète élégant qui a fait le libretto de *Don Juan* et celui des *Nozze di Figaro*. Les *Mémoires* de Lorenzo da Ponte ont paru à New-York, où l'auteur s'était retiré, et où il est mort en 1838, âgé de quatre-vingt-neuf ans, délaissé de tout le monde et dans la plus profonde misère ; ils contiennent sur l'existence très aventureuse du poète vénitien et sur le caractère de Mozart une foule d'anecdotes très piquantes.

Tels sont les derniers documens que l'on possède aujourd'hui sur l'auteur de *Don Juan*. Ce n'est qu'en les comparant qu'on peut saisir le lien mystérieux qui existe entre le musicien et sa création immortelle. Hoffmann a entrevu la pensée philosophique de *Don Juan* ; mais il y a dans cet opéra un côté plus humain et surtout plus intime, il y a, pour ainsi dire, Mozart tout entier. La biographie doit donc ici compléter l'analyse et c'est à la vie même du musicien qu'il faut demander la meilleure explication de son œuvre.

I

Jean-Chrysostome-Wolfgang-Amédée Mozart est né à Salzbourg, le 27 janvier 1756. Six ans plus tôt, le 8 août 1749, *au coup de midi*[2], la ville de Francfort-sur-le-Mein donnait le jour à un autre Wolfgang, qui laissera aussi une trace ineffaçable dans l'histoire de l'esprit humain. N'est pas sans dessein que nous rapprochons ici Wolfgang Goethe de Wolfgang Mozart : l'auteur de *Faust* a plus d'un rapport avec celui de *Don Juan*.

Le père de Wolfgang Mozart était originaire de la ville d'Augsbourg, où sa famille exerçait la profession de relieur. Après avoir été attaché au comte de Thun en qualité de *valet-musicien*[3], Léopold Mozart était venu s'établir à Salzbourg, où ayant obtenu une place de premier violoniste à la chapelle de l'évêque, il avait épousé Anna Bertlina, femme aussi pieuse qu'elle était belle. Plus tard il fut élevé au rang de second maître de chapelle. Léopold Mozart était un homme instruit et un excellent musicien ; il a composé beaucoup de musique d'église, quelques intermèdes et une foule de morceaux de genres très variés. Habile professeur de violon, il a fait un ouvrage didactique pour cet instrument, qui est resté long-temps célèbre en Allemagne ; mais la gloire de Léopold Mozart, c'est d'avoir donné le jour à l'auteur de *Don Juan* et d'avoir compris et dirigé son génie. Il devina de très bonne heure la destinée de son fils. Sa piété profonde crut voir briller sur le front de Wolfgang comme un rayon de la grace divine, et dès-lors toute son existence fut consacrée à l'éducation de cet enfant, qu'il considérait comme un être supérieur commis à ses soins par la Providence. Le caractère intéressant de Léopold Mozart, où la tendresse paternelle se confond avec la foi du chrétien et l'enthousiasme de l'artiste, a été parfaitement compris par M. Oulibicheff, qui en a fait ressortir les diverses nuances.

Six enfans qu'avait eus Léopold Mozart, il ne lui restait que Wolfgang, le dernier venu, et une fille, Marie-Anne, qui était née en 1751, quatre ans avant son frère. Cette sœur unique de Mozart, qu'on appelait familièrement *Naennerle* (diminutif d'Anna), avait montré aussi de grandes dispositions pour la musique. Elle fit admirer dans toute l'Europe un talent précoce et très remarquable sur le piano ; mais elle fut bientôt éclipsée par la renommée de Wolfgang. Devenue baronne de Sonnembourg, la sœur de Mozart est morte à Salzbourg en 1830, âgée de quatre-vingts ans.

Courbée sous le poids de l'âge, aveugle et pouvant à peine se remuer, la baronne de Sonnembourg avait conservé une admiration profonde pour celui qui avait été son frère *selon la chair,* disait-elle avec un respect qui touchait à la piété.

On connaît maintenant la famille au sein de laquelle est né Mozart, famille pieuse et résignée, famille tout allemande et vraiment chrétienne, où régnaient l'ordre, la chasteté et le goût des belles choses, digne berceau du musicien de l'amour idéal. À peine Wolfgang eut-il révélé son instinct merveilleux pour la musique, qu'il devint l'objet exclusif de l'attention du père et de l'intérêt de tous. Il avait à peine trois ans que déjà il posait ses petites mains sur le clavier et s'essayait à rendre une succession de tierces, seul intervalle que pussent saisir encore ses doigts courts et potelés. Venait-il à rencontrer une combinaison nouvelle, ses yeux s'animaient de joie. À quatre ans, il savait par cœur les passages les plus saillans des concertos exécutés par sa sœur, et son père composait pour lui de petits morceaux qui ont été conservés. C'est ainsi que Mozart apprit la musique comme en se jouant, ou plutôt la musique se réveillait dans son ame avec le sentiment de la vie. N'est-ce pas un signe distinctif qui caractérise les êtres supérieurs que la facilité avec laquelle on les voit s'assimiler les élémens matériels du langage ? On ne saurait trop le répéter dans un temps comme le notre, les vrais poètes, les peintres, les musiciens, tous ceux qui sont destinés à répandre sur la terre quelques rayons de la beauté éternelle, ne se forgent pas dans les ateliers de la science humaine. On n'apprend pas dans les écoles à parler la langue de l'amour. En écoutant les conseils du maître qui, le premier, délie ses lèvres, l'enfant de génie semble se ressouvenir d'une langue oubliée qu'il aurait parlée jadis dans un monde meilleur. Il chante, comme l'oiseau, au lever de l'aurore, et puis il s'envole aux régions sereines emportant avec lui le secret de ses divins concerts. Homère fait dire au chantre Phemius implorant la pitié d'Ulysse : « Ne me tue pas ! tu te repentirai peut-être d'avoir donné la mort à celui qui chante les dieux et les hommes. Personne n'a été mon maître… Un dieu a placé dans mon cœur les chants divers que je dis[4]. »

Le caractère du jeune Wolfgang présentait les plus grands contrastes. Il était tour à tour bruyant et joueur, calme et laborieux. Doué d'une sensibilité extrême, il recherchait l'affection de toutes les personnes qui fréquentaient la maison de son père. Il leur demandait souvent avec une naïveté charmante : « M'aimez-vous bien ? » et, si l'on tardait à lui répondre d'une manière favorable, ses yeux se remplissaient aussitôt de larmes. À cette sensibilité exquise qui débordait au moindre contact, il joignait une force de réflexion qu'il manifesta aussi de très bonne heure par un goût prononcé pour l'étude des mathématiques. Il en fut tellement préoccupé pendant quelque temps, qu'il négligea même la musique. Il couvrait les tables, les chaises, les murs de chiffres et de figures de géométrie. Ayant reçu en cadeau un petit violon proportionné à sa taille, il s'y exerça tout seul, et un jour que son père reçut la visite d'un habile

violoniste, Wengl, qui venait pour essayer quelques
nouveaux trios de sa composition, le jeune Wolfgang
demanda à faire aussi sa partie. « Non, lui dit son père, tu
ne pourrais pas nous suivre, puisque tu n'as pas encore
étudié le violon par principes. » L'enfant se mit alors à
pleurer en disant que, pour jouer une seconde partie, il
n'était pas nécessaire d'être si habile. « Puisqu'il en est
ainsi, répliqua le père, joue donc avec M. Schachtner que
voilà, mais tout doucement car, si l'on t'entend, je te
renvoie. » Quel ne fut pas l'étonnement de Léopold Mozart
et des assistans quand ils entendirent le jeune Wolfgang
exécuter avec précision non-seulement la partie du second
violon, mais encore celle du premier, infiniment plus
difficile ! C'est avec la même facilité que Mozart apprit à
jouer des autres instrumens et qu'il devina presque tous les
secrets de l'harmonie. Il avait à peine six ans que, poussé
par une force instinctive, il se mit à composer un concerto.
« Que fais-tu là ? lui dit son père, qui, rentrant chez lui
accompagné d'un ami, trouva Wolfgang tout occupé à
barbouiller un papier de musique. — Je compose un
concerto dont la première partie est bientôt terminée. —
Fais-nous donc voir ce beau chef-d'œuvre ! — Non ; ce
n'est pas encore fini. » Léopold, lui arrachant alors le papier
des mains, parcourut avec distraction ce griffonnage
d'enfant. Tout à coup son regard se fixe, s'anime et se
remplit de larmes ; puis, passant le papier à son ami, il lui
dit avec un sourire de bonheur : « Voyez comme cela est
bien et conforme aux règles ! » C'est ainsi que le père de
Pascal, ayant surpris son fils aux prises avec les plus hautes

questions de la géométrie, dont il lui avait expressément interdit l'étude, courut chez un ami lui raconter, en pleurant de joie, un si grand prodige.

C'est dans l'année 1762 que Léopold Mozart, accompagné de ses deux enfans, commença ses longs pèlerinages d'artiste à travers l'Europe. Ces voyages de toute une famille de musiciens allant chercher fortune dans des contrées lointaines étaient alors et sont encore aujourd'hui dans les mœurs simples et aventureuses de la nation allemande. En faisant courir le monde à ses deux enfans, Léopold Mozart avait pour but non seulement d'améliorer sa modeste position, mais surtout de perfectionner l'éducation de son cher Wolfgang en le mettant en rapport avec les grands maîtres de l'art. Mozart avait alors à peine six ans. Son exécution sur le piano était déjà merveilleuse ; son génie précoce rayonnait de toutes parts et semblait attendre avec impatience que la nature lui permît de prendre possession du vaste empire de l'art musical. Toujours possédé du besoin de donner cours à sa fantaisie, on était souvent obligé de lui interdire le travail, tant il s'y appliquait avec ardeur. Léopold Mozart et ses deux enfans se rendirent d'abord à Munich dans le mois de janvier 1762. Ils revinrent tout joyeux à Salzbourg, après avoir charmé pendant trois semaines la cour de l'électeur de Bavière, l'une des plus brillantes et des plus musicales de l'Allemagne. Dans l'automne de cette même année, ils partirent pour Vienne. Ce voyage fut un véritable triomphe pour Wolfgang. Il lui fallut s'arrêter quatre jours chez l'évêque de Lintz, qui ne pouvait se séparer d'un enfant aussi extraordinaire. Le jeune Mozart touche de l'orgue dans un couvent de franciscains, dont il excite l'enthousiasme, et aux portes de Vienne il adoucit la rigueur des douaniers en leur jouant un menuet sur son petit violon. À peine sont-ils arrivés dans la capitale de l'Autriche, que tout le monde veut entendre le virtuose de six ans ; les invitations arrivent de toutes parts, les beaux équipages se succèdent à la porte des pauvres voyageurs ; les nobles dames, les princes et les grands seigneurs se disputent l'honneur de posséder à leur table les deux enfans de Léopold Mozart, qui, au milieu de ces succès, conserve son bon sens et sa piété profonde envers la Providence. Admis tous trois à la cour, l'empereur François Ier vient au-devant d'eux jusque dans l'antichambre, et les conduit avec bonté dans l'intérieur des appartemens où se tient Marie-Thérèse, entourée de sa belle et nombreuse famille. Wolfgang, que rien n'intimide, se laisse asseoir, avec la grace d'un *bambino santo*, sur les genoux de l'impératrice, qui admire la gentillesse de ses manières autant que son talent extraordinaire. Il tombe sur le parquet glissant des appartemens de la cour, et l'archiduchesse Marie-Antoinette s'empresse de venir à son secours. « Vous êtes bien bonne, lui dit Wolfgang, c'est pourquoi je veux vous épouser. » La princesse ayant rapporté le mot à sa mère, Marie-Therèse demanda à l'enfant « d'où lui venait ce désir qu'il avait d'épouser sa fille. — De la reconnaissance, répondit-il ; elle a été si bonne pour moi, tandis que ses sœurs me regardaient sans bouger. » Un baiser accompagné d'un charmant sourire fut la réponse de la jeune et belle princesse au compliment que lui adressait Wolfgang. Qui sait si ce baiser imprimé par la bouche adorable de l'infortunée Marie-Antoinette sur le front de Mozart n'y a pas déposé le germe du beau caractère de dona Anna ? L'ame vierge d'un enfant de génie est une source profonde qui s'alimente de toutes les impressions premières et d'où naissent ces créatures charmantes qui peuplent le monde de la fantaisie. Dante raconte dans la *Vita nuova* comment il *se fit un grand jour* dans son cœur, lorsqu'à l'âge de huit ans il aperçut pour la première fois cette Béatrice Portinari, qui a été le rêve et la gloire de sa vie. Goethe nous a conservé aussi le nom de la fille obscure qui est devenue plus tard, sous la main du poète, la Marguerite de *Faust*.

Après une courte maladie de Wolfgang, qui fut attaqué de la petite vérole, la famille quitta Vienne presque aussi pauvre qu'elle y était entrée, mais chargée de lauriers. Le talent du jeune Mozart s'était perfectionné il avait acquis plus de virilité. Les voyageurs revinrent à Salzbourg dans les premiers jours de janvier de l'année 1763. Le temps que Léopold Mozart passait dans sa paisible résidence était consacré à mettre en ordre les souvenirs qui lui restaient de ces aventureux pèlerinages. On appréciait les uns, on critiquait les autres ; on jugeait, on étudiait les œuvres consacrées, et puis on se remettait en route pour de nouveaux climats. Le 9 juin 1763, Léopold Mozart, sa femme et ses deux enfans, entreprennent un grand voyage en France. Ils traversent toute l'Allemagne, visitent les villes de Munich, d'Augsbourg, de Stuttgard, de Manheim, de Mayence, et dans toutes ces cours brillantes, qui possédaient des chanteurs italiens, des compositeurs célèbres, des chapelles richement pourvues d'habiles instrumentistes, Wolfgang excite un étonnement général par la diversité de ses talens et la fécondité de son imagination, improvisant tour à tour et avec une égale facilité sur le piano, sur le violon et sur l'orgue, dont son père lui avait appris à gouverner les pédales. Ils arrivèrent à Paris le 18 novembre 1763. Grimm, à qui ils étaient adressés, prit les Mozart sous sa protection. Il les appuya de son crédit et de son esprit auprès des philosophes du XVIIIe siècle, les présenta à Mme d'Épinay, à d'Holbach, dans tous les salons de ce monde à la fois sérieux, frivole et charmant. Grimm a deviné le génie de Mozart, et le jugement qu'il en a porté alors fait le plus grand honneur à son goût ainsi qu'à ses connaissances musicales. Reçue à la cour de Versailles, cette famille d'artistes fut admise à l'honneur d'assister au grand couvert du roi, où le jeune Wolfgang, placé à côté de la reine Leczinska, qui s'entretenait avec lui en langue allemande, ne cessa de lui baiser les mains avec une familiarité charmante. Mozart fut présenté aussi à Mme de Pompadour, et cette orgueilleuse sultane eut le mauvais goût de se refuser aux gracieuses caresses que Wolfgang aimait à prodiguer : « Pourquoi donc, s'écria l'enfant de génie dont la fierté égalait la tendresse, ne veut-elle pas m'embrasser ? L'impératrice Marie-Thérèse m'a bien embrassé ! »

Le 11 avril 1764, la famille Mozart partit pour l'Angleterre. Haendel était mort depuis quelques années, Haendel dont le génie grandiose et biblique n'a pas été sans influence sur l'éducation de l'auteur de *Don Juan*. Cependant les œuvres de Haendel vivaient dans la mémoire de toute la nation. Mozart fut accueilli à Londres comme il l'avait été partout. Il se fit entendre dans un grand nombre de concerts publics, fut présenté à la cour, où il exécuta à première vue des morceaux extrêmement difficiles de Haendel, de Bach et de Paradisi. Invité par le roi à improviser un chant sur une simple basse qu'on lui présenta, il trouva aussitôt une mélodie exquise qu'il accompagna avec le savoir d'un maître. À ce signe éclatant de la toute-puissance de la nature et de la bonté divine, Léopold Mozart s'écrie dans une lettre : *Ce que Wolfgang savait en partant de Salzbourg n'est que l'ombre de ce qu'il sait aujourd'hui. Ce qu'il fait maintenant surpasse l'imagination* ! Après un séjour de quinze mois, Léopold Mozart et sa famille quittèrent Londres, suivis d'une grande renommée dont les journaux du temps nous ont conservé le témoignage. Ils débarquèrent à Calais vers la fin de juillet 1765. Traversant le nord de la France et la Belgique, ils se rendirent à La Haye, où les deux enfans tombèrent assez gravement malades. Rien n'est touchant comme la piété profonde avec laquelle Léopold Mozart recommande à un ami de faire dire un grand nombre de messes à presque tous les saints du paradis pour que Dieu rende la santé à ses chères créatures. Ses vœux furent exaucés. Après une courte excursion à Amsterdam, les Mozart reprirent le chemin de l'Allemagne en passant par Paris, Lyon, Strasbourg et la Suisse. Ils arrivèrent à Salzbourg sur la fin de l'année 1766, ayant fait une absence de trois ans. Ce long voyage dans la partie la plus florissante de l'Europe avait eu une grande influence sur le développement intellectuel de Mozart. Excitée par les applaudissemens de la foule, par les caresses des grands, et surtout par l'approbation des vrais connaisseurs, son imagination impatiente franchit tout à coup l'intervalle énorme qui sépare le virtuose du créateur. Wolfgang fit graver à Paris deux morceaux pour le clavecin, avec accompagnement de violon, qui forment le premier anneau de son œuvre immense. À Londres, il compose une symphonie à grand orchestre et trois autres morceaux pour le clavecin ; à La Haye, six nouvelles sonates qu'il dédie à la princesse de Nassau-Weilbourg. De retour à Salzbourg, où l'avait précédé le bruit de ses succès, il passa presque toute l'année 1767 à se recueillir, à étudier de près les maîtres : de toutes les écoles, Emmanuel Bach, Haendel, Haase, Eberlein, aussi bien que les Scarlatti, les Leo, les Durante, les Porpora, se préparant ainsi à devenir le conciliateur suprême entre le génie religieux des peuples du Nord et la passion fougueuse des races méridionales, entre l'harmonie profonde et compliquée des Allemands et la mélodie large et limpide des Italiens. *Don Juan* sera le gage immortel de cette alliance.

Dans le mois de septembre 1767, Léopold Mozart et ses deux enfans retournent à Vienne. Ce second voyage dans la capitale de l'Autriche, qui était alors le centre d'un grand mouvement musical, et où l'école allemande et l'école italienne se disputaient la domination des esprits, fut moins heureux que le premier pour Wolfgang. Sa réputation déjà européenne et le développement extraordinaire de son talent éveillèrent la jalousie de ses rivaux, qui lui suscitèrent mille cabales ténébreuses. Admis à jouer du piano devant l'empereur Joseph II, dont il conquit l'admiration, il ne put jamais parvenir à faire représenter en public un petit opéra, *la Finta semplice*, que ce prince lui avait demandé et qui avait mérité l'approbation de Haase et de Métastase. Échappé à une nouvelle et grave maladie qui le priva de la vue pendant neuf jours, Mozart, après une petite excursion à Olmütz, dut quitter Vienne avec la seule consolation d'avoir inspiré la terreur à ses nombreux ennemis et avec l'amitié du fameux Mesmer, pour lequel Wolfgang composa un petit opéra-comique en langue allemande, *Bastien et Bastienne*, qui fut représenté dans la propre maison du thaumaturge. De retour à Salzbourg dans les derniers jours de 1768, Mozart y passa l'année suivante à se familiariser avec la langue italienne, et, dans le mois de décembre 1769, accompagné seulement de son père, il descendait vers les campagnes lumineuses de l'Italie, où l'attiraient l'instinct mélodique de son génie et les vues de la Providence. Quelques années plus tard, l'auteur de *Faust* devait aussi visiter ce pays aimé du soleil et y puiser ces regrets d'une terre fortunée dont il a rempli le cœur de Mignon.

À peine Mozart fut-il arrivé à Milan, que ce peuple enthousiaste l'accueillit avec transport en le saluant du titre de *giovinetto ammirabile*. Il parcourut la péninsule, étonnant les académies et les vieux docteurs par son savoir et son exécution. À Bologne, il improvise une fugue devant le *padre* Martini et Farinelli ; à Rome, il retient par cœur le *Miserere* d'Allegri, morceau compliqué qu'il écrit et livre pour la première fois à la publicité ; à Naples, en jouant une sonate au conservatoire *della Pieta* devant Jomelli et une foule immense, il est obligé d'ôter une bague qu'il avait à la main droite afin de tranquilliser le peuple, qui croyait qu'une exécution aussi merveilleuse était l'effet d'un sortilège. C'est à son retour de Naples que Wolfgang fit représenter à Milan, dans le mois de décembre 1770, son premier opéra, *Mitridate re di Ponte* qui eut un succès d'enthousiasme. L'auteur avait alors quatorze ans. Après ce triomphe, les artistes voyageurs reprennent le chemin de la patrie. Ils retournent en Italie l'année suivante, où Mozart fait représenter, toujours à Milan, une sorte de grande scène dramatique, *Ascanio in Alba*, dont le succès arracha au vieux compositeur Haase ces mots prophétiques : *Cet enfant-là nous éclipsera tous*. Revenu à Salzbourg pour composer une sérénade dramatique, *il Sogno di Scipione*, à l'occasion du couronnement du nouvel archevêque, Mozart retourne à Milan dans le mois d'octobre 1772, où il fait représenter un *opera seria, Lucio Silla*, qui fut accueilli, avec la même faveur que les précédens. Avant de quitter pour la dernière fois l'Italie, Léopold Mozart et son fils allèrent passer le carnaval de l'année 1773 à Venise. Ils furent reçus et fêtés par les plus grands seigneurs de la république. Il y avait alors, dans cette ville de folies et d'enchantemens, un jeune homme de vingt-deux ans, beau, spirituel, intrépide, qui était l'amant recherché des *gentildonne* les plus *garbate* aussi bien que des *cittadine* les plus éveillées. Ce jeune homme, qui a peut-être coudoyé Mozart sur la place Saint-Marc où soupé avec lui dans quelque *casino* somptueux, c'était Lorenzo da Ponte, l'ami littéraire de Charles Gozzi, l'auteur futur du libretto de *Don Juan*.

De retour en Allemagne, Mozart fit encore un petit voyage à Vienne, un autre à Munich, où il composa un *opera buffa, la Finta Giardiniera*, qui fut représenté avec un succès éclatant dans le mois de janvier 1775. Il revint à Salzbourg dans le printemps de la même année, avec une réputation qui égalait déjà celle des meilleurs compositeurs. Il passa trois années consécutives à Salzbourg, entièrement occupé à fortifier son génie par des études profondes et diverses, à condenser dans son cœur les mélodies vagues et charmantes qui l'agitaient. Nous passons sous silence les mille tribulations qu'il eut à subir de la part du nouvel archevêque de Salzbourg, homme grossier, avare et débauché, qui, non content de méconnaître l'artiste extraordinaire qu'il avait l'honneur de posséder à sa cour, se plaisait à l'humilier en le refoulant dans les rangs de la domesticité. Mozart, en qui le sentiment intime de sa valeur n'a jamais failli, et qui n'avait pas besoin de la consécration de la célébrité pour se faire respecter des grands, se démit du poste infime qu'il occupait dans la chapelle de l'archevêque. Il se consolait de ces misères de la vie en s'essayant dans tous les genres, en composant des messes, des symphonies, des sonates, des cantates, parmi lesquelles nous citerons seulement *il Re pastore*, où l'on reconnaît déjà toutes les graces de son style enchanteur. Après trois années d'études fécondes, Mozart, arrivé à l'âge de vingt et un ans, dans la fleur de la jeunesse et dans la plénitude de ses espérances, entreprend un second et grand voyage en France. Accompagné cette fois seulement de sa mère, il quitte Salzbourg le 23 septembre 1777. Il traverse Munich, s'arrête pendant quelque temps à Manheim, ville charmante et toute musicale, où son cœur reçoit les premières atteintes d'un sentiment qui fera la force de son génie, et il arrive à Paris dans le mois de mars 1778.

On était alors au milieu de la grande querelle des gluckistes et des piccinistes, discussion confuse et bruyante entretenue par des écrivains qui n'en comprenaient pas la portée. Il s'agissait de savoir si la musique serait ou non l'élément prépondérant du drame lyrique. On conçoit que, chez un peuple plus raisonneur que naïf et plus logique qu'enthousiaste, cette question ait pu diviser les meilleurs esprits. Excepté Grimm et Ginguené, tout le monde se battait, comme Ajax, dans les ténèbres. On aurait bien étonné Gluck et Piccini eux-mêmes, si on leur avait dit alors qu'il venait d'arriver à Paris un jeune homme de vingt et un ans, qui trancherait un jour le nœud gordien et réconcilierait les deux principes exclusifs dans une œuvre impérissable.

Fort heureusement pour l'avenir de l'art musical, Mozart rencontra à Paris ces dégoûts et ces obstacles qu'on oppose toujours, parmi nous, à une gloire nouvelle. Que serait devenue l'imagination exquise de ce musicien sublime, s'il s'était fixé en France, ainsi qu'il en avait eu le projet et comme avait failli le faire également le chantre de Marguerite ? Est-ce aller trop loin que de supposer que notre gaieté bruyante et maligne, que notre goût exclusif pour les effets dramatiques et la peinture des passions circonscrite dans le cercle de la réalité, auraient effarouché la sensibilité profonde, l'ame religieuse, la tendre mélancolie et le génie éminemment lyrique de l'auteur de *Don Juan* ? La nation qui a si bien compris la déclamation pathétique de Gluck n'avait pas les qualités propres à encourager l'épanouissement du musicien de l'idéal.

Découragé par les obstacles qu'il rencontrait partout, le cœur navré par la perte de sa mère, qui mourut dans ses bras, à Paris, le 3 juillet 778, Mozart se décide à retourner en Allemagne, où l'appelait bien moins le désir de trouver un théâtre digne de son talent que l'attraction secrète d'un objet aimable. Il quitta Paris le 26 septembre 1778, après avoir refusé la place d'organiste de la chapelle de Versailles, et en portant sur notre goût musical un jugement aussi cruel et mieux fondé que celui de Rousseau. Pendant ce voyage, la correspondance entre le père et le fils avait été très active. Du fond de sa retraite, Léopold Mozart suivait des yeux du cœur ce fils bien-aimé, cherchant à le prémunir, par de sages conseils, contre les embûches du monde. Le fils, dans ses lettres toujours pleines de respect et de tendresse, laisse échapper plusieurs traits qui révèlent la noble fierté de son caractère et la conscience qu'il avait déjà de son génie. *Ah !* disait-il dans une lettre écrite de Paris, *s'il y avait ici quelqu'un qui des oreilles pour entendre et un cœur pour sentir, je me consolerais de toutes mes disgraces !* Et dans une autre, adressée de Manheim à son père, il s'écrie : *Je suis compositeur et fils d'un maître de chapelle, et je ne consentirai jamais à enfouir dans l'enseignement le talent dont Dieu m'a si richement pourvu pour la composition.* Arrivé à Munich à la fin du mois de décembre 1779, Mozart n'eut rien de plus pressé que de se présenter à celle dont il avait emporté l'image dans son cœur. Mlle Aloïse de Weber était une jeune et jolie cantatrice de beaucoup de talent, que Wolfgang avait eu l'occasion de voir et d'entendre lors de son passage à Manheim. Ayant suivi la cour de Charles-Théodore, qui était monté sur le trône électoral de Bavière, Mlle Aloïse de Weber était venue se fixer à Munich avec toute sa famille. Il paraît que Mozart, épris des charmes et du talent de la sémillante Aloïse, avait fait à Manheim une demande qui avait été presque agréée par Mlle de Weber ainsi que par sa famille. C'était la confirmation de ce consentement qu'il venait demander avec anxiété ; mais, lorsque la virtuose coquette et adulée par les grands seigneurs vit arriver chez elle, après un an d'intervalle, *un jeune homme maigre, au long nez, aux gros yeux, à la tête exiguë, revêtu d'un habit rouge à boutons noirs qu'il portait en deuil de sa mère...*[5], elle le toisa d'une manière si froide et si cruelle, que Mozart ne se le fit pas dire deux fois. Il refoula dans son cœur la flamme qui le tourmentait depuis un an, et reporta la partie indécise de son affection sur Constance Weber, la plus jeune des sœurs d'Aloyse. C'est ainsi que les vrais poètes changent d'objet sans changer d'amour, parce qu'ils impriment sur tout ce qu'ils adorent l'image que Dieu a gravée dans leur ame.

Mozart était de retour à Salzbourg et dans les bras de son père vers la fin de l'année 1779. Sa réputation, devenue européenne, avait un peu adouci l'indigne archevêque de qui dépendait le sort de sa famille. Ce prélat grossier n'eut pas de meilleurs procédés pour l'artiste éminent dont il ne comprenait pas le mérite ; mais il consentit, par vanité, à lui offrir la place d'organiste de sa chapelle avec 500 florins d'appointemens, c'est-à-dire un peu moins de ce que gagne de nos jours le plus obscur professeur de solfège. Mozart, qui avait l'ambition des grandes choses et non celle des gros émolumens, accepta la nouvelle position qu'on lui faisait. Il remplissait avec zèle ses modestes fonctions, lorsqu'il reçut de l'électeur de Bavière la proposition d'aller écrire un *opera seria* pour le théâtre italien de la cour de Munich. Ce fut un grand événement dans la vie de Mozart que cette occasion qui lui était offerte de produire une œuvre dramatique importante dans une grande ville de l'Allemagne. Jusqu'alors son génie, avide de toutes les gloires, avait dispersé ses forces sur une foule de sujets : il avait composé tour à tour des concertos, des sonates, des symphonies, des messes, des cantates, des opéras, abordant tous les styles et perfectionnant toutes les branches de l'art avant de parler la langue de son cœur. Le moment était donc arrivé de secouer par un coup de maître la tutelle de la tradition. C'est ce que comprit très bien Mozart. Il partit pour Munich dans les premiers jours de décembre 1780. Après s'être entendu avec son poète, l'abbé Varesco, et avoir pris connaissance du personnel dramatique qu'on mettait à sa disposition, il se mit à l'ouvrage, et, le 29 janvier 1781, *Idoménéo re di Creta, opera seria* en trois actes, fut représenté avec un immense succès. De cette belle et charmante partition date le véritable avènement de Mozart. Tout était nouveau, depuis l'ouverture jusqu'au morceau final ; tout y révélait un génie dominateur qui se dégage des élémens divers et confus dont il s'était nourri jusqu'alors et qui prend possession de sa personnalité. L'auteur d'*Idomeneo* avait vingt-quatre ans. Il était dans ce moment propice où la sève fermente et circule avec facilité, où tout sourit au regard enchanté de la jeunesse, qui voit l'avenir à travers les nuages d'or de la fantaisie, et son cœur, ému par les agitations d'un sentiment nouveau et mystérieux, laisse déborder dans cette œuvre, qui lui est toujours restée chère, cette langueur pénétrante et cette mélancolie sereine qu'on ne trouve que chez Virgile, Raphaël ou Mozart. Aussi, lorsqu'on entend La musique d'*Idomeneo*, il vous semble écouter un de ces contes fabuleux que Platon se plaît parfois à intercaler dans ses dialogues, récits enchanteurs qui bercent l'imagination, la remplissent de béatitudes, et nous transportent dans l'une de ces îles merveilleuses créées par la fantaisie de la Grèce, séjours fortunés de l'amour et d'un printemps éternel. Ce chœur, par exemple :

Placido è il mar, andiamo…

Ne dirait-on pas que c'est l'hymne de la jeunesse au départ de la vie, allant, à travers les mers, chercher l'idéal qu'elle porte dans son sein ? Les idées, les formes d'accompagnement et les combinaisons harmoniques qu'on admirera dans *Don Juan* se trouvent déjà indiquées dans l'opéra d'*Idomeneo*.

Qu'on se figure maintenant un vieillard plus que sexagénaire, plongé dans le fond d'une loge obscure et pleurant à chaudes larmes en écoutant la musique d'*Idomeneo* et les transports d'enthousiasme qu'elle excitait dans toute la salle : c'est le vieux Léopold Mozart, arrivé tout exprès de Salzbourg pour assister à la première représentation du premier chef-d'œuvre dramatique de son fils bien-aimé, de son disciple, de cet être supérieur que Dieu lui avait confié et dont il voyait enfin la glorification. Il pouvait s'écrier alors avec l'apôtre : *Nunc dimittis, Domine*. Le grand succès de l'auteur d'*Idomeneo* flatta la vanité de l'archevêque de Salzbourg, qui, dans un voyage qu'il fit à Vienne au mois de mars 1781, voulut emmener avec lui le jeune compositeur dont s'entretenait une partie de l'Allemagne. Fixé désormais dans la capitale de l'Autriche, Mozart supporta d'abord avec patience la tyrannie de ce prélat capricieux. Il craignait, en se plaignant trop haut, de faire tort à son père et de lui faire perdre la place qu'il occupait à la chapelle de Salzbourg ; mais, un jour que ce prince insolent voulut contraindre Mozart à manger à l'office avec les bas domestiques de sa maison, le grand artiste rompit le joug et quitta pour toujours le service de l'archevêque.

Libre enfin de ses actions, ne relevant plus que de son talent et sa conscience, Mozart va entrer ici dans une période orageuse et féconde, vaste et douloureuse carrière où la misère, le travail, la jalousie de ses nombreux rivaux, les angoisses de la création et de l'amour, élèveront son génie à une hauteur inaccessible. À la demande de l'empereur Joseph II, il compose *l'Enlèvement au sérail*, charmant ouvrage qu'on peut considérer comme le premier opéra en langue allemande que doive mentionner l'histoire. Représenté le 12 juillet 1782, *l'Enlèvement au sérail* eut un succès populaire qui se répandit dans toute l'Allemagne, et qui valut à Mozart les éloges précieux de Gluck. L'empereur Joseph, qui goûtait beaucoup la personne et le talent de Mozart, lui dit un jour, à propos de cet opéra qu'il avait entendu critiquer par la jalousie des compositeurs italiens qui étaient à sa cour : *Très bien ! mon cher Mozart, mais un peu trop de notes. — Pas plus qu'il n'en faut, sire,* lui répondit fièrement l'artiste.

Un mois après ce nouveau triomphe, le 4 août 1782, Mozart épousa Constance Weber, la sœur de cette Aloyse de Weber, pour qui son cœur avait ressenti les premières émotions de l'amour. Il fut obligé d'enlever sa fiancée de la maison maternelle et de l'épouser clandestinement chez une baronne de Waldstetten, dans la maison de laquelle eut lieu la noce. L'auteur de *Don Juan* pouvait-il se marier autrement ? À la fin du mois de juillet 1783, Mozart conduisit sa femme à Salzbourg. Au moment de monter en voiture, il fut arrêté par un créancier, qui exigea impérieusement la somme de 30 florins qu'il lui devait. De retour à Vienne, après quelques semaines d'absence qui n'avaient point été perdues pour l'art musical, puisqu'il avait produit *Davide penitente*, oratorio qui renferme des beautés de premier ordre, Mozart est forcé pour vivre, et pour vivre misérablement, de dépenser l'immense activité qui le dévore à donner des concerts, à composer toute sorte de musique et jusqu'à des contredanses et des valses pour des bals publics. C'est pendant ces trois années qu'il écrit ses plus belles œuvres de musique instrumentale, entre autres, les six quatuors qu'il a dédiés à Joseph Haydn, précédés d'une épître remplie d'admiration et de respect filial pour le père de la symphonie. En 1786, Mozart aborde de nouveau le théâtre avec l'opéra italien *le Nozze di Figaro*, qui fait époque aussi bien dans sa vie que dans l'histoire de la musique dramatique. En effet, rien de ce qui existait alors ne pouvait être comparé à cette partition colossale pour la grandeur et le développement des morceaux d'ensemble, pour le charme et la nouveauté des mélodies, pour la richesse et la variété des accompagnemens. Malgré les efforts d'une cabale formidable suscitée par les compositeurs et les virtuoses italiens, dont il fallut vaincre la résistance par un ordre exprès de l'empereur, *le Nozze di Figaro* fut représenté au théâtre italien de la cour, dans le mois de mai 1786, avec un immense succès. On fit répéter jusqu'à six morceaux, et le duo adorable *Sull' aria* fut redemandé trois fois. Dès-lors l'activité et la fécondité de Mozart vont s'accroître avec une intensité vraiment incroyable ; on dirait qu'un démon mystérieux l'agite et le pousse à entasser les chefs-d'œuvre en lui criait : Marche, marche, car ton heure approche ! En 1787, il compose *Don Juan* pour la ville de Prague. Après un voyage fait à Berlin en 1789, où le roi de Prusse s'efforce vainement de le retenir à sa cour par de beaux traitemens, il revient à Vienne écrire *Cosi fan tutte* en 1790. L'année suivante, il produit coup sur coup *la Flûte enchantée*, *la Clemenza di Tito*, la messe de *Requiem*, et puis il expire dans la nuit du 5 décembre 1791, âgé de trente-cinq ans et quelques mois, après avoir étonné et charmé le monde par la grandeur et la fécondité d'un génie incomparable. Pour réparer une si grande perte, Dieu appelait à la vie, six mois après la mort de Mozart, le 29 février 1792, l'auteur du *Barbier de Séville*, d'*Otello* et de *Guillaume Tell*, le véritable héritier du créateur de *Don Juan*.

II

On sait que dans le mois de février 1787 Mozart avait fait un voyage à Prague. Il y était appelé par un amateur, un vieil ami de son père, le comte de Thun, qui l'avait engagé à venir jouir en personne de l'immense succès qu'obtenait dans cette ville son dernier opéra, *le Nozze di Figaro*.

Mozart se rendit avec empressement, à l'invitation du comte, qui le reçut dans sa propre maison. Le jour même de son arrivée à Prague, le grand compositeur alla au théâtre, ou une troupe de virtuoses italiens, dirigés par un nommé Bondini, chantait avec beaucoup d'ensemble cette magnifique partition. Lorsqu'après l'ouverture le bruit se répandit dans la salle que Mozart lui-même assistait à la représentation de son chef-d'œuvre, le public l'accueillit par de bruyantes acclamations, et presque chaque morceau de l'opéra fut redemandé avec enthousiasme. Dans les rues, dans les cabarets, sur les promenades, partout on entendait fredonner de motifs du *Mariage de Figaro.* L'air fameux de *Non piu andrai* était chanté par toutes les *kellerine* de la ville, et malheur au musicien ambulant qui n'aurait pas su jouer sur sa harpe ou son violon cette mélodie vigoureuse qui a fait le tour du monde. Pour répondre au bienveillant accueil qu'on lui faisait, Mozart donna un concert dans la salle de spectacle où son talent de virtuose fut aussi admiré que son génie. Prié, à la fin de la soirée, d'improviser sur le thème favori de *Non piu andrai*, Mozart se mit au piano et pendant deux heures entières il tint l'assemblée haletante sous son inspiration. Heureux de se voir si bien apprécié, Mozart voulut témoigner sa reconnaissance aux habitans de la ville de Prague en composant un opéra tout exprès pour eux. Il promit donc à Bondini de venir l'hiver prochain écrire une partition pour la troupe qu'il dirigeait, mais sans fixer d'avance le sujet du libretto, ainsi que l'ont affirmé à tort la plupart des biographes.

De retour à Vienne, Mozart, tout préoccupé de l'engagement qu'il venait de contracter, et désirant en remplir les conditions par une œuvre capitale qui fût un témoignage éclatant de sa reconnaissance pour les habitans de Prague, alla trouver le collaborateur qui lui avait tracé le libretto des *Nozze di Figaro*, Lorenzo da Ponte, qui emprunta ce nom à un évêque, son bienfaiteur, était né à Ceneda, petite ville des états de Venise, le 10 mars 1749. Issu d'une très pauvre famille, il resta abandonné et sans aucune espèce d'instruction jusqu'à l'âge de quatorze ans. Admis alors par charité dans le séminaire de sa ville natale, il en sortit après cinq années d'assez bonnes études et courut à Venise y chercher fortune à la pointe d'une plume fraîchement affilée. Le tableau de la société vénitienne dans la seconde moitié du XVIIIe siècle est l'un des plus curieux que présente l'histoire. L'aristocratie, qui se sentait mourir, avait dépouillé une partie de sa morgue patricienne et s'était rapprochée de ce peuple, le plus doux et le plus sociable de la terre. Toutes les institutions tombaient en poussière. La religion était sans gravité, les lois sans influence, les mœurs d'une facilité inimaginable. On ne croyait à rien, ni à Dieu, ni à la raison. L'église était un spectacle, le confessionnal une cour d'amour, la justice un tripot, le mariage une bouffonnerie. On se moquait de tout, on riait de tout, du passé, de l'avenir dans ce monde et dans l'autre. Vivent le présent, la bonne chère, le jeu, les jolies femmes et la musique, pendant une belle nuit, sur les lagunes ! Au diable les noirs soucis et les remords ! C'était une folle mêlée d'inquisiteurs, de prêtres, de polichinelles et de *cicisbei* qui mangeaient, buvaient, riaient, dansaient à perdre haleine. C'était un bruit étourdissant de battes, de grelots, de sifflets et de mandolines, une joyeuse mascarade de la vie, une de ces vastes anarchies qui éclatent à l'heure suprême des nations. Venise était une ville de spectacles, de jeux et d'amour. Les femmes y étaient blanches et gracieuses, les grands riches, instruits et spirituels, le peuple gai et bon. On y accourait de tous les coins du monde ; on venait s'enivrer dans cette île enchantée, y dépenser son or et y perdre la raison. Pendant le carnaval, toute la ville se déguisait et se livrait au plaisir avec frénésie. On dansait jusque dans les couvens. Un peuple immense se pressait sur les lagunes, sur la place Saint-Marc et dans les *casino*, sanctuaires élégans de la volupté. Le masque était inviolable, et plus d'un prince souverain de l'Europe cachait sa tête couronnée sous les traits d'un *buratino*. Que de gaietés ! que d'ivresse ! que de longs baisers donnés et savourés dans l'ombre ! « O Venise ! ô reine glorieuse de l'Adriatique ! s'écrie un poète, tu es le sourire du monde (*tu sei il sorriso del mondo !*) » Telle qu'un vaisseau près de sombrer dans une suit obscure, Venise avait couronné sa poupe de fleurs et s'était illuminée jusqu'à la cime du grand mât avant de disparaître à jamais dans l'abîme des mers.

Arrivé dans cette ville unique, au milieu de ce tourbillon de folies et d'enchantemens, Lorenzo da Ponte devient aussitôt amoureux d'une jolie Vénitienne qui lui inspire les plus beaux sonnets du monde. Quelque temps après cette aventure, une belle étrangère s'empare de son cœur sans qu'il puisse se décider à rompre avec le premier objet de son affection. Le voilà donc menant joyeuse vie entre deux femmes dont il captive également la tendresse et trompe la vigilance, promenant sa fantaisie de casino en casino, de théâtre en théâtre, dépensant la verve de son esprit en disputes littéraires contre l'abbé Chiari, riant de son siècle et se moquant avec son ami Charles Gozzi des comédies de Goldoni, *impastate,* dit-il, d'une morale aussi froide que lugubre. Plongé ainsi dans les intrigues amoureuses et littéraires, jouant gros jeu, se battant, se querellant, tantôt pour une femme et tantôt pour une épigramme, laissant couler son ame et sa jeunesse au gré des vents les plus contraires, il est tout à coup troublé dans son rêve d'amour. Un inquisiteur d'état lui enlève sa belle étrangère, et l'oblige à quitter promptement Venise. Il s'enfuit à Treviso, dont l'évêque le choisit pour professer la rhétorique dans le gymnase de la ville. De nouvelles péripéties de cœur et quelques mots téméraires balbutiés tout bas contre le gouvernement de la république le forcent à s'échapper des états de Venise. Il va à Görz ; à peine descendu dans la meilleure auberge de la ville, il tombe amoureux de l'hôtesse, qui ne peut résister à la séduction de son esprit, à sa jeunesse pleine d'élégance. Il passe dans ce petit coin du monde quelques jours de volupté discrète, qu'il compte parmi les plus beaux de sa vie ; mais il est bientôt obligé d'interrompre encore une fois ce nouvel épisode d'un sentiment éternel dans sa source, et de fuir les ennemis qu'il s'était attirés par le spectacle de son bonheur et le mordant de son esprit. Lorenzo da Ponte s'en va de là tout droit à Dresde, ville charmante, qui, sous un climat tempéré, renferme toutes les séductions et tous les parfums des contrées méridionales. Il s'y livre aussitôt à la fougue de ses désirs, courtisant la brune et la blonde, l'Italienne aussi bien que l'Allemande, la princesse et la *prima donna*, auxquelles il préfère avant tout la *giovin principiante*, comme il nous l'a avoué depuis par la bouche de Leporello. Il devient l'amant secret de deux soeurs, qui le reçoivent alternativement dans le même sanctuaire, et dont il trompe pendant quelque temps la candeur ; celles-ci éclatent un beau jour comme dona Anna et dona Elvira, et leurs imprécations mêlées de fureur et de tendresse le forcent à se réfugier à Vienne, emportant pour toute fortune une lettre de recommandation du poète Catarino Mazzola pour le compositeur Sarti. Celui-ci présente da Ponte à l'empereur Joseph II, qui, ayant une préférence marquée pour la poésie et la musique italiennes, l'accepte comme son poète lauréat et lui donne la place de Métastase, qui venait de mourir. Le voilà donc devenu le poète favori d'un prince puissant et fixé dans une ville qui était alors le centre du plus grand mouvement musical des temps moderne On aurait pu croire accomplie la partie la plus orageuse de cette singulière destinée ; mais il était écrit que celui qui a dessiné les premiers traits du caractère de don Juan devait traîner son ame inquiète sur tous les rivages et descendre jusqu'à sa limite extrême la longue échelle des misères de la vie.

Après la mort de l'empereur Joseph II, dont la faveur l'avait constamment soutenu, de nouvelles intrigues avec une dame de haute naissance et l'inimitié acharnée du poète Casti, l'auteur des *Animaux parlans*, qui avait l'oreille du nouvel empereur Léopold, contraignent da Ponte à s'exiler de Vienne et à quitter l'Allemagne. Passant par Trieste, il enlève une belle et jeune Anglaise, *una bella Inglesina*, dit-il, qu'il emmène avec lui à Paris, où il arrive dans le mois d'août 1792. Il ne séjourne pas long-temps dans cette ville désolée, qui, au lieu des plaisirs élégans qu'il était venu chercher, ne lui offrait que le spectacle hideux d'une démagogie en fureur. Il traversa bien vite la Manche et alla se fixer à Londres, qu'il a habitée pendant dix ans, en y professant avec succès la langue italienne. Je ne sais trop quel événement a pu troubler encore la destinée de cet homme étrange, qu'une loi fatale semble condamner à un mouvement éternel ; mais le voilà qui tout à coup abandonne Londres et s'embarque pour les États-Unis, le 5 mars 1803. Il arrive à New-York, s'y installe comme professeur de littérature italienne, et devient le favori de ces femmes blanches et froides, dont il échauffe l'ame puritaine d'un rayon de poésie et d'amour. Da Ponte commençait à sentir péniblement le poids de l'âge et le discrédit que lui avait attiré l'inconstance de ses affections au milieu d'une population triste et rigide, lorsque, par un bonheur inespéré, il apprit que Garcia, le seul grand virtuose de l'Europe qui ait su comprendre et interpréter le rôle de don Juan, venait d'arriver à New-York, accompagné de sa famille. Le cœur ému comme à vingt ans, il court chez l'artiste, qu'il n'avait jamais vu, et s'annonce de la manière suivante ; « Je suis Lorenzo da Ponte, l'auteur du libretto de *Don Juan*, l'ami de Mozart. » Garcia fit un bond de joie, et, tombant au cou du poète, il se mit à chanter à pleine voix :

> Fin ch' han dal vino
> Calda la testa,
> Una gran festa
> Fa preparar.

Ils conviennent aussitôt de monter sur le théâtre de New-York le chef-d'œuvre de Mozart ; mais il manquait un ténor pour chanter don Ottavio : comment faire ? Da Ponte, à force de démarches et de prières, parvient à trouver un amateur qui consent à lever l'obstacle. C'est ainsi que fut représentée pour la première fois à New-York cette œuvre colossale, Garcia chantant le rôle de don Juan, et son illustre fille, qui n'était pas encore Mme Malibran, celui de Zerlina. Ce fut le dernier beau jour de Lorenzo da Ponte. Avant de mourir délaissé sur une terre froide et inhospitalière, bien loin de sa chère Venise et du ciel fortuné qui l'avait vu naître, il put entrevoir encore une fois les rêves enchantés qui avaient charmé sa jeunesse. Il mourut à New-York, le 17 août 1838, âgé de quatre-vingt-dix ans, dans la plus profonde misère.

Mozart, à peine revenu de Prague à Vienne, et impatient de trouver un librettiste, ne pouvait mieux s'adresser qu'à da Ponte. Déjà ils s'étaient vus, pour la première fois, en 1785, dans la maison du baron de Wetzlar. Ces deux hommes, qui différaient entre eux par le caractère, par l'éducation, par les vicissitudes de leur destinée autant que par le pays qui leur avait donné le jour, semblaient avoir été rapprochés par une volonté suprême pour créer une œuvre magistrale où se réfléchiraient le génie de deux peuples, le trouble et la langueur d'une civilisation expirante. Lorenzo da Ponte professait une grande admiration pour Mozart. Dans les communications fréquentes, dans les épanchemens intimes qui se multiplient nécessairement entre deux collaborateurs, le poète italien avait eu mille occasions de sonder l'ame naïve et profonde du compositeur ; il en connaissait le secret, et il savait par quels mots magiques on pouvait en tirer les plus sublimes accords. L'esprit de Mozart, qui n'était pas sans culture, — car il parlait le français et l'italien aussi facilement que sa langue maternelle, — sa connaissance des bons poètes, son tact, La sagacité avec laquelle il saisissait les nuances des caractères et les vraies conditions du drame lyrique, avaient aussi vivement frappé da Ponte. Mozart avait pris une très grande part dans l'ordonnance générale du libretto des *Nozze di Figaro*, et sa correspondance avec son père contient à ce sujet une foule de réflexions exquises dont on pourrait tirer toute une esthétique de l'art musical. En voici une qui résume la théorie de Mozart sur le drame lyrique : *Les passions violentes*, dit-il, *ne doivent jamais être exprimées jusqu'à provoquer le dégoût. Même dans les situations horribles, la musique ne doit jamais blesser les oreilles et cesser d'être de la musique*[6]. Platon n'aurait pas mieux dit. C'est la doctrine de l'antiquité sur les beaux-arts, celle qu'ont pratiquée Virgile et Raphaël, doctrine différente du principe de Gluck, qui voulait, au contraire, que la musique fût toujours la traduction littérale de la parole. Le principe de Gluck, qui est celui de l'école française, nous prouve que, si Mozart se fût fixé à Paris, il n'aurait pas créé *Don Juan*.

Lorsque Mozart vint trouver Lorenzo da Ponte pour lui faire part de l'engagement qu'il avait contracté à Prague avec le directeur Bondini, le poète italien avait déjà jeté sur le papier le plan d'un libretto dont le sujet avait depuis long-temps fixé son attention, et qu'il destinait en secret à son musicien favori, l'auteur des *Nozze di Figaro*. On ne s'étonnera pas sans doute que Lorenzo da Ponte, dont nous avons raconté la vie pleine d'aventures audacieuses, de caprices et de sensualités charmantes, que ce breteur intrépide qui avait toujours la flamberge au vent et l'épigramme à la bouche, que ce libertin effréné, qui, comme son compatriote et son contemporain Casanova, allait portant en tous lieux l'inquiétude de son esprit et le désordre de ses sens, ait été attiré de très bonne heure vers le personnage de don Juan. C'était sa propre image, l'incarnation de la poésie et des mœurs de Venise, où il avait passé les plus belles années de sa jeunesse. En destinant à Mozart un drame où devaient se réfléchir tout naturellement les rêves de sa vie et les inspirations de son siècle, da Ponte faisait preuve d'une merveilleuse sagacité. Il avait deviné que ce génie mélancolique à la fois pieux et tendre, dont la gaieté bénigne avait émoussé toutes les pointes de l'esprit sarcastique de Beaumarchais et transformé une comédie politique en une idylle pleine d'élégance et de sentiment, n'avait pas encore trouvé le cadre dramatique qui convenait aux vraies tendances de sa nature et aux richesses de son imagination. Aussi le poète et le musicien furent-ils bientôt d'accord sur le sujet du libretto. Da Ponte se mit aussitôt à l'ouvrage, travaillant surtout pendant la nuit, à la pâle clarté d'une lumière tremblottante qui projetait dans sa chambre une ombre mystérieuse et avec cette fièvre d'un poète qui traite un sujet aimé. Sur sa table, il avait *l'Enfer* de Dante, une bouteille de vin de Tokay, et, derrière lui, une jeune fille de seize ans qui le servait avec le dévouement de l'amour. À mesure qu'il terminait une scène, il la communiquait au compositeur, dont il recevait les conseils avec une grande déférence.

C'est dans Tirso de Molina et dans le chef-d'œuvre de Molière que Lorenzo da Ponte prit les élémens de son libretto. Il voulait combiner et fondre dans un tout harmonieux le souffle religieux de l'auteur espagnol et la profondeur du poète français. C'était bien comprendre le génie de Mozart. Le sujet de *Don Juan* avait déjà été traité par un grand nombre de compositeurs. Righini de Bologne, Cimarosa, Tritta et le Vénitien Gazzaniga s'étaient essayés sur ce thème fécond, qui depuis long temps faisait partie du répertoire de la comédie italienne. Goldoni en avait fait une comédie, qui fut représentée à Venise pendant l'automne de l'année 1786. Le *Don Juan* de Gazzaniga, très connu en Italie, fut chanté à Paris en 1791. Cherubini, qui était alors accompagnateur au Théâtre-Italien, y avait ajouté un beau quatuor dont le manuscrit est aujourd'hui la propriété de M. Zimmermann.

Le caractère de don Juan a été le sujet de nombreux commentaires. La critique a souvent agité la question de savoir si Tirso de Molina était le véritable créateur de ce type de la passion révoltée, et quels étaient les emprunts qu'a pu faire à l'écrivain espagnol l'auteur du *Misanthrope*. Il ne saurait y avoir de doute pour nous sur l'origine de ce caractère étrange ; il est sorti tout vivant de la légende du moyen-âge fécondée par l'imagination espagnole, du mélange de la foi chrétienne et de la fantaisie populaire. C'est là que le premier et obscur chroniqueur espagnol qui s'est occupé de ce personnage héroïque en a puisé l'histoire. C'est aussi dans la légende chrétienne, modifiée par l'imagination du peuple allemand, que Goethe a trouvé le caractère tout métaphysique du docteur Faust. Trois conditions sont nécessaires en effet pour que le caractère de don Juan puisse exister et se produire : 1° un dogme qui réfrène les appétits de la chair, qui fasse du mariage une institution divine et de la vie future une conséquence du gouvernement de la Providence ; 2° le respect de la femme ordonné par la religion, sanctionné par les lois et par les mœurs ; 3° la fougue des passions, l'impérieuse vivacité des désirs, l'instinct de la liberté enfin prenant sa source dans la rigueur de la règle même qui en comprime l'essor ; car, pour qu'il y ait de l'héroïsme à braver la loi, il faut qu'elle existe, appuyée de toutes les forces de la société, et qu'on ne puisse échapper à la pénalité qu'elle inflige dans ce monde qu'en tombant sous les coups de la justice éternelle. Il faut qu'il y ait au-dessus de la vie un juge suprême, qui donne raison à la conscience et rétablisse l'ordre troublé par le vice triomphant. Don Juan était un caractère impossible chez les Grecs et les Romains. Il est un produit de la poétique du christianisme, et, sans la religion qui condamne l'abus des plaisirs et qui enseigne l'immortalité de l'ame, les crimes de ce héros moderne ne seraient que les peccadilles d'un sybarite ou d'un bel esprit de l'antiquité.

On sait que le polythéisme était la déification des forces de la nature. Sans doute il y avait des sectes qui recommandaient et honoraient la tempérance, mais c'était la spéculation de quelques philosophes solitaires sans influence sur la société. Le christianisme est la première religion qui ait réfréné les appétits des sens et qui ait élevé la chasteté à la dignité d'une vertu. Or, les désirs refoulés redoublent d'intensité ils s'épurent par la contrainte qu'on leur impose et se transforment en une sublime aspiration de l'ame. L'amour est fils de la continence, les refus de la pudeur alimentent sa flamme, mais il expire dans une jouissance facile ainsi qu'un sylphe divin sous une étreinte profane. Comme le bonheur, l'amour fuit les régions extrêmes, il ne s'épanouit dans toute sa grace qu'au sein de la modération, et où il n'y a pas de frein moral, il n'y a pas de véritable amour. Voilà pourquoi c'est en Espagne, dans ce pays de passions ardentes où le catholicisme a déployé toute la rigueur de sa discipline, c'est au milieu de ce peuple religieux et chevaleresque, pour qui la femme était tout à la fois un objet de convoitise et d'adoration jalouse ; c'est au milieu de ces mœurs qui ont produit la poésie tendre du *Romancero* et l'inquisition, et où l'idéal de l'amour, comme l'a très bien remarqué M. Magnin[Z], était l'amour dans le mariage ; — c'est là que devait naître don Juan. En faisant passer le type espagnol sur la scène française, Molière en a modifié le caractère primitif. Il l'a dépouillé de tout le merveilleux de la religion, de tout le prestige de la poésie catholique. Le don Juan de Molière n'est plus ce jeune homme entraîné par la fougue des désirs à braver toutes les lois, qui, sans méconnaître qu'un jour il lui faudra rendre compte de sa vie à un juge suprême, s'étourdit et ferme les yeux en disant : *J'ai du temps devant moi*[8]. Le don Juan de Molière, au contraire, est un froid sophiste qui raisonne et calcule la portée de ses actes ; c'est un profond hypocrite qui s'enveloppe du manteau de la passion et de la vertu pour mieux tromper ses victimes ; c'est un athée, enfin, qui ne croit qu'à la force et qui, pourvu qu'il échappe à la vengeance des hommes, trouve que la vie du méchant est une partie bien jouée. On dirait un disciple d'Epicure et de Gassendi, fortifié par la lecture d'Escobar.

Tel n'est pas le héros de Mozart : jeune, beau, élégant, riche, intrépide, le cœur rempli de désirs infinis et le front chargé d'orages, il marche dans sa liberté, et, l'épée à la main, il renverse les obstacles qui s'opposent à l'accomplissement de sa destinée. Que veut-il, où va-t-il ?

Né à la fin d'un siècle téméraire qui met tout en question, épris des nouvelles doctrines qui exaltent la toute-puissance de l'esprit humain et qui enseignent que la sensation est la source unique de la connaissance, le sein gonflé d'orgueil et l'imagination frappée par les lueurs lointaines d'un idéal naissant, il s'arrache à la famille, il s'arrache à la société, et, la joue encore humide du dernier baiser de sa mère, il s'élance dans le tourbillon d'un avenir inconnu. Confiant dans sa force, confiant dans les principes qui glorifient toutes les passions, il s'avance, le regard étincelant, au bruit de joyeuses fanfares ; il chante, il rit, il déchaîne tous ses instincts, il poursuit le plaisir sans honte, sans sophisme et sans remords. Il veut vivre, étendre la sphère de son action et de sa puissance, agrandir son être, s'élever enfin à cette souveraineté de la volonté promise par les philosophes et ravir à la nature le secret de son éternité. Emporté par les ravissemens de la jeunesse et par les aspirations d'une génération héroïque, il cherche l'infini, il cherche le bonheur suprême en s'abreuvant aux sources amères des voluptés matérielles et de la liberté sans limites. Mais, à chaque crime qu'il commet sur la route, la terre tremble sous ses pas victorieux ; des bruits sinistres se font entendre, sa conscience se trouble, un profond dégoût s'empare de son cœur, le rire expire sur ses lèvres impies, et les génies invisibles du monde moral lui crient de toutes parts : Don Juan, don Juan, ton heure est arrivée, *scelerato* !

— Oui, ton heure est arrivée, car tu as pris le chemin de la mort. Tu as compris trop tard que le baiser arraché à une femme séduite, loin d'étancher la soif qui te dévore, est un poison âcre qui brûle et tarit toutes les sources de la vie. Il n'y a pas d'amour sans la fidélité du cœur. Le bonheur que tu cherchais dans des voluptés sans nombre se trouve, au contraire, dans la modération des désirs, et l'infini qui échappe à nos étreintes ne peut être entrevu que par la conscience éclairée dont il couronne les divines espérances.

Faust et don Juan sont les types de deux ambitions extrêmes, l'expression vivante de deux erreurs de la nature humaine. Le premier cherche le bonheur dans le développement des seules facultés de l'esprit, dans la solitude de la pure intelligence où sa tête s'égaré. Il ne trouve l'apaisement de la fièvre qui le dévore qu'en se reposant sur le cœur naïf de la pauvre Marguerite. Le second, au contraire, se plonge tout entier dans la matière, croyant en sortir, comme Achille, retrempé et brillant d'une immortelle jeunesse ; mais il expire de satiété et de remords. Personnifications saisissantes d'une époque révolutionnaire, Faust et don Juan s'élancent le même jour du sein du XVIIIe siècle, et, remplis de son esprit audacieux, de ses espérances immortelles, ils cherchent à saisir l'infini, l'un dans les mille phénomènes de la matière, l'autre dans les abstractions de la pensée. Tous deux se perdent, et le bonheur qu'ils poursuivent leur échappe, parce qu'ils ont troublé l'économie de l'œuvre de Dieu, parce qu'ils ont rompu l'unité de la vie et oublié que l'homme est avant tout une intelligence fécondée par le sentiment.

À l'époque où Mozart se disposait à écrire la musique de *Don Juan*, il avait trente et un ans. Il était arrivé à cette heure suprême de la vie d'un grand artiste où sa main, disait-il, peut écrire couramment sous la dictée de son cœur et réaliser les rêves de son génie. Son esprit profondément religieux, sa piété naïve que n'affaiblissaient même point les dérèglemens passagers où il tomba, par désespoir, dans les derniers jours de sa vie, semblaient pressentir confusément l'approche d'une révolution qui viendrait détruire tout ce qu'il adorait. Des circonstances particulières étaient venues accroître encore sa tristesse naturelle. Mozart avait perdu son père, qui mourut à Salzbourg le 28 mai 1787, à l'âge de soixante-dix ans, dans un état voisin de la misère, mais heureux devant Dieu et devant les hommes d'avoir accompli sa mission en donnant au monde le plus sublime des compositeurs. Léopold Mozart était venu visiter son fils à Vienne sur la fin de l'année 1785. Ils se virent alors pour la dernière fois. À la mort de son père chéri, Mozart écrivit à sa sœur une lettre touchante où nous avons remarqué le passage suivant : « Comme la mort, lorsqu'on y réfléchit, paraît être le vrai but de la vie ! Je me suis tellement familiarisé avec cette idée, que je ne me couche jamais sans penser que peut-être je ne verrai plus la douce lumière du jour ! » Quelque temps après cet événement, Mozart tomba assez gravement malade. Il était à peine rétabli, qu'il eut encore la douleur de voir mourir le meilleur de ses amis, le docteur Siegmund Barisani, premier médecin de l'hôpital de Vienne, dont les soins éclairés et affectueux avaient contribué à prolonger jusqu'alors sa frêle existence. Cette nouvelle perte, ajoutée à celle de son père, fit sur Mozart une impression profonde dont il a consigné le témoignage sur un album de la manière suivante : « Aujourd'hui, 2 septembre 1787, j'ai eu le malheur de perdre, par une mort imprévue, cet homme honorable, mon meilleur et mon plus cher ami, le sauveur de ma vie. Il est heureux, tandis que moi et tous ceux qui l'ont connu nous ne pouvons plus l'être, jusqu'à ce que nous ayons le bonheur de le rencontrer dans un monde meilleur pour ne plus nous séparer. »

Frappé coup sur coup dans ce qu'il avait de plus cher au monde, Mozart se sentit défaillir. Le pressentiment d'une fin prochaine envahit peu à peu son ame. Une voix secrète semblait lui dire qu'il fallait se hâter d'accomplir son œuvre. Une douce tristesse voilait son regard habituellement trempé de larmes, où se lisait le regret de la vie qui allait lui échapper dans la force de l'âge et dans la maturité du talent. C'est dans de telles dispositions qu'il partit pour Prague avec le libretto de *Don Giovanni*, dont il avait tracé les principales idées et achevé même plusieurs morceaux. Suivi de sa femme et de son collaborateur, Lorenzo da Ponte, il descendit d'abord à l'hôtel des *Trois Lions* sur la place au Charbon Quelques jours après, il accepta un logement dans la maison de son ami Dusseck, située à l'extrémité d'un faubourg pittoresque qui dominait la ville. C'est là, dans une chambre bien éclairée, ayant sous ses fenêtres l'aspect réjouissant des beaux vignobles de Kosohirz chargés de fruits, de parfums et de feuilles jaunissantes, où venaient expirer les rayons mélancoliques du soleil d'automne ; c'est là que Mozart a terminé le poème où gémit encore son ame immortelle. C'est pendant les heures tranquilles de la nuit que Mozart, comme Beethoven, aimait à travailler, et qu'il trouvait ses plus heureuses inspirations. Séparé ainsi du monde extérieur, débarrassé des soucis vulgaires de la vie, promenant son regard ému dans l'infini des cieux, en face de son piano et de son idéal, il s'abandonnait au souffle du sentiment qui l'enlevait sur ses ailes divines.

La composition de la troupe Bondini, pour laquelle Mozart a écrit son chef-d'œuvre, était des plus satisfaisantes. Voici quelle était la distribution des rôles : don Giovanni, signor Bassi, âgé de vingt-deux ans, belle voix de baryton, chanteur et comédien excellent ; dona Anna, signora Teresa Saporiti, voix magnifique de soprano sfogato ; dona Elvira, signora Catarina Micelli, talent d'expression ; Zerlina, signora Teresa Bondini, femme du directeur ; don Ottavio, signor Antonio Baglioni, voix de ténor douce et flexible ; Leporello, signor Felice Ponziani, *basso comico* excellent ; don Pedro et Masetto, signor Giuseppe Rossi. Mozart dirigeait toutes les répétitions. Il appelait chez lui les chanteurs pour les faire étudier, leur donnant ses conseils sur la manière d'exécuter tel ou tel passage, les éclairant sur le caractère du personnage qu'ils représentaient, et se montrant très difficile sur le fini des détails et la précision de l'ensemble. Il reprochait souvent aux virtuoses de presser trop les mouvemens et d'altérer par leur pétulance italienne la grace de ses mélodies. À la première répétition générale, peu satisfait de la manière dont la signora Bondini exprimait la terreur de Zerlina dans le finale du premier acte, lorsqu'entraînée par don Juan, elle jette le cri sublime de la pudeur au désespoir, Mozart quitta subitement l'orchestre et monta sur la scène. Il fit recommencer le finale à partir du *minuetto* à trois quarts. Caché derrière une coulisse, il attendit le passage en question, et puis s'élança tout à coup sur la Bondini, qui, fort effrayée, poussa un cri aigu. « Voilà qui est bien, dit-il ; c'est ainsi qu'il faut crier. » Quand on fut arrivé à la scène du second acte, où don Juan apostrophe la statue du commandeur qui lui répond : *Di rider finirai…*, ce récitatif, mesuré d'un si admirable caractère, n'était d'abord accompagné que par trois trombones. Comme l'un des trombonistes attaquait toujours faux la note qui lui était confiée, Mozart s'approcha de son pupitre pour lui expliquer la manière de s'y prendre. Blessé dans son amour-propre, le musicien lui répliqua avec aigreur : « On ne joue pas ainsi du trombone et ce n'est pas de vous que je l'apprendrai. — Vous avez raison, lui répondit en riant Mozart ; Dieu me garde de vouloir vous enseigner ce que vous savez mieux que moi ! mais veuillez avoir la bonté de me donner un instant votre partie, j'arrangerai cela d'une manière plus commode Et, d'un trait de plume, il ajouta à l'accompagnement primitif trois hautbois, trois clarinettes et trois bassons.

On sait comment fut écrite l'ouverture de *Don Juan*. La veille de la première représentation, Mozart passa gaiement la soirée avec quelques amis. L'un de ceux-ci lui dit : « C'est demain que doit avoir lieu la première représentation de *Don Giovanni*, et tu n'as pas encore terminé l'ouverture ! » Mozart feignit un peu d'inquiétude, se retira dans sa chambre, où l'on avait préparé du papier de musique, des plumes et de l'encre, et se mit à composer vers minuit. Sa femme, qui était à côté de lui, lui avait apprêté un grand verre de punch, dont l'effet, joint à la fatigue extrême, assoupissait fréquemment le pauvre Mozart. Pour le tenir éveillé, sa femme se mit à lui raconter des contes bleus, et trois heures après il avait terminé cette admirable symphonie. Cependant, ainsi que le fait observer très judicieusement M. Oulibicheff[9], ce miracle est peut-être moins grand qu'on ne le pense. Mozart, comme Rossini, ayant l'habitude de composer de tête ses plus grands morceaux, les gardait très long-temps dans sa mémoire, et, lorsqu'il se mettait à écrire, il ne faisait guère que copier. Il est au moins probable que c'est ainsi qu'a été composée l'ouverture de *Don Juan*. Le lendemain à sept heures du soir, un peu avant le lever du rideau, les copistes n'avaient pas encore fini de transcrire les parties d'orchestre. À peine avaient-ils apporté les feuilles encore humides, que Mozart fit son entrée à l'orchestre et se mit au piano, salué par de nombreux applaudissemens. Quoique les musiciens n'eussent pas eu le temps de répéter l'ouverture, conduits par un chef habile, Strobach, ils l'exécutèrent à première vue avec une telle précision, que l'assemblée éclata en transports d'enthousiasme. Pendant que Leporello chantait l'introduction, Mozart dit, en riant, à ses voisins : *Quelques notes sont tombées sous les pupitres, néanmoins l'ouverture a bien marché.*

Le succès de *Don Juan* fut immense : chaque morceau fut redemander et la ville de Prague se montra digne du grand homme qui lui avait donné un pareil chef-d'œuvre. L'opéra de *Don Juan,* après avoir été représenté, pendant une quinzaine d'années par une troupe de chanteurs italiens qui desservait les villes de Leipsig et de Prague, fut traduit en langue bohême et mis ainsi à la portée du peuple, qui s'en montra tout aussi bon appréciateur que les classes supérieures pour lesquelles il avait été composé.

Don Juan fut représenté à Vienne en 1788. Mozart ajouta alors à la partition primitive quatre nouveaux, morceaux : 1° l'air de Leporello, au second acte, *Ah ! pieta signori miei !* 2° le duo entre Leporello et Zerlina, *Per queste tue manine* ; 3° l'air de dona Elvira, *Mi tradi quell' alma ingrata* ; 4° celui de don Ottavio, *Della sua pace.* Cette partition n'eut pas à Vienne le retentissement qu'elle avait obtenu dans la capitale de la Bobême. Comprise par quelques esprits d'élite et par les maîtres de l'art, le public resta presque indifférent devant une si grande merveille. Il courait en foule applaudir la *Tarare* de Salieri, dont on a oublié jusqu'au nom, et laissait dona Anna exhaler sa douleur dans une salle déserte. Mozart, qui a toujours eu la conscience de son génie et qui savait que *Don Juan* en était l'expression la plus parfaite, disait, pour se consoler de l'indifférence du public viennois : « *Don Juan* a été composé pour les habitans de la ville de Prague, pour quelques-uns de mes amis et surtout pour moi. » Un jour que l'opéra de *Don Juan* était critiqué avec amertume devant Haydn, celui-ci répondit avec la modestie d'un grand maître : « Il est difficile de décider qui de vous a raison, messieurs, tout ce que je puis dire, c'est que Mozart est le plus grand compositeur qui existe en ce moment. »

Don Juan fut représenté à Berlin le 12 octobre 1791. Excepté deux critiques célèbres, Reichard et Runzen, qui apprécièrent dignement le chef-d'œuvre de Mozart, cette magnifique création passa inaperçue du public ordinaire. Mozart n'a pu jouir du bonheur ineffable d'entendre interpréter comme il l'avait conçu le drame de son cœur. Il en est presque toujours ainsi de ces grandes conceptions de l'esprit humain qui devancent le temps et qui sont destinées à faire l'éducation de la postérité. Ce n'est qu'après la mort du sublime compositeur et à partir des premières années de ce siècle que les compatriotes de Mozart commencèrent à goûter la musique de *Don Juan,* qui dès lors se répandit dans tout le nord de l'Europe. À Moscou, à Saint-Pétersbourg, à Londres, *Don Juan* devint l'opéra favori de cette partie des classes supérieures qui cultive les beaux-arts. Il ne pénétra en Italie que vers 1814. Il fallut des mois entiers de pénibles études avant qu'une société d'amateurs d'élite parvînt à le déchiffrer d'une manière supportable ; mais jamais la nation italienne ni les autres peuples du midi n'ont pu se familiariser avec cette musique d'un spiritualisme si profond. Les virtuoses italiens, sauf de rares exceptions, se sont toujours montrés hostiles au génie de Mozart, et il n'y a pas long-temps qu'une cantatrice célèbre disait à une répétition de *Don Juan : Non capisco niente a questa maledetta musica.* La réputation de Mozart se répandit en France de fort bonne heure. L'opéra du *Mariage de Figaro* fut traduit et représenté sans succès sur le Théâtre de la Nation en plein 93. Quelques années plus tard, un arrangeur mutila indignement la partition d'*Il Flauto magico,* qu'on donna aussi au grand Opéra sous le titre des *Mystères d'Isis.* En l'an XIII, il vint à Paris une troupe de chanteurs allemands, parmi lesquels se trouvait une Mme Lange, qui n'était autre que cette Aloïse Weber, objet du premier amour de Mozart ; cette troupe s'établit dans le théâtre de la Cité, qui prit le nom de Théâtre-Mozart et elle y fit entendre, en langue allemande, quelques-uns des opéras du grand compositeur ; mais ce n'est qu'en 1811 que *Don Juan* fit son apparition sur le Théâtre-Italien de Paris. Depuis lors, on n'a cessé de le reprendre de temps en temps, bien que trop rarement au gré de ce petit nombre d'initiés qui sont dignes d'en apprécier les mystérieuses beautés.

III

On n'a pas oublié sans doute que Mozart avait composé l'ouverture de *Don Juan* dans la nuit qui précéda le jour de la première représentation. Quelques heures lui avaient suffi pour résumer dans une préface pleine de grandeur l'expression générale du drame qu'il venait de créer. « Si, comme l'a fort bien dit Rousseau, l'ouverture la mieux conçue est celle qui dispose tellement les cœurs des spectateurs qu'ils s'ouvrent sans effort à l'intérêt qu'on veut leur donner[10], » celle de *Don Juan* est l'une des plus parfaites qui existent. Dès les premiers accords plaqués sourdement par tout l'orchestre sur la gamme de *ré mineur,* l'ame est avertie qu'elle va assister à un spectacle douloureux. Les violons se détachent bientôt de la masse instrumentale pour arpéger un léger murmure en figures syncopées, soupir mélodique d'une suavité mystérieuse que Mozart affectionne beaucoup, car on le rencontre souvent dans ses œuvres comme une note fondamentale de son cœur aimant et attristé. L'orchestre reprend aussitôt, et, en quelques coups de pinceau vigoureux, il achève cette introduction d'un si beau caractère et qui frappe l'esprit d'une vague terreur. On y remarque une foule d'autres passages très familiers à Mozart, qui, pour indiquer plus nettement la profonde unité de son tableau, reproduira textuellement cette première page de son ouverture dans le finale du second acte, au moment où la statue du commandeur vient interrompre le souper de don Juan. Cette répétition est un trait de génie.

Le thème en *ré majeur,* sans avoir rien de très original, reçoit un grand prix par la manière dont il est traité. Modulé, fugué, varié, pris, abandonné et repris tour à tour par chaque instrument, on le voit grandir et se développer sous la main de l'artiste puissant qui le tourne et le retourne au gré de sa volonté, et qui tout à coup en suspend la conclusion par un accord parfait sur la dominante de *fa majeur,* afin de le rattacher immédiatement aux premières mesures de l'introduction que chante Leporello. Gluck avait déjà employé deux fois ce système dans les ouvertures de ses opéras d'*Alceste* et d'*Iphigénie,* et Mozart l'a reproduit en des proportions plus grandioses. Lorsqu'on entend les violons, doublés par les bassons, exhaler lentement les dernières notes plaintives de cette ouverture, on se sent le cœur oppressé comme à l'entrée du séjour d'éternelle douleur où Dante lut cette inscription mémorable :

> Permè si va nella citta dolente,
> Permè si va nell' eterno dolore.

L'introduction, qui s'enchaîne immédiatement au dernier accord de l'ouverture, présente toutes les qualités d'une bonne exposition. Les quatre principaux personnages apparaissent successivement sous les traits les plus saillans de leur caractère, et le choc qui les rapproche et engage l'action fait jaillir de sombres pressentimens. Cette introduction se divise en quatre épisodes. Enveloppé de son manteau et assis devant la porte d'une maison espagnole où don Juan a pénétré furtivement pendant la nuit, Leporello se lamente sur le sort qui le condamne à servir. Il chante une sorte de récitatif mesuré d'un rhythme franc, d'un caractère plein de rondeur. La phrase incidente par laquelle Leporello exprime l'intention d'abandonner son état et de faire ainsi l'homme de qualité :

> Voglio far il gentiluomo
> E non voglio piu servir,

se distingue par l'élégance de la mélodie comme par le *brio* des accompagnemens. Rien n'échappe au génie de Mozart.

Une gamme ascendante et rapide, parcourue diatoniquement par les premiers violons, annonce le second épisode et l'arrivée de don Juan, poursuivi par dona Anna qui se suspend à son bras. Il en résulte un trio où le désespoir de la femme outragée, le trouble du séducteur et la poltronnerie de Leporello sont exprimés à la fois et tour à tour d'une manière admirable. — Je m'attacherai à tes pas comme une furie désespérée (*come furia disperata*), s'écrie dona Anna en poussant un cri héroïque qui se prolonge depuis le *si bémol* du médium jusqu'au *la bémol* en haut, et cette phrase isolée, d'une vigueur singulière, amène la rentrée de Leporello, tout tremblant, dans le milieu harmonique. Le trio s'achève avec une plénitude d'ensemble qui se concilie avec l'aisance des parties et la diversité des caractères. Survient tout à coup le commandeur, tenant une épée dans sa main tremblante. Il provoque don Juan, qui lui répond avec le dédain de la jeunesse. – Tu n'échapperas pas à ma vengeance : s'écrie le vieillard. — *Misero* ! réplique don Juan avec un mélange d'orgueil et de pitié, *approche donc, puisque tu veux mourir* ! Ces quelques paroles de récitatif mesuré sont d'une incomparable beauté. Il est impossible d'exprimer, avec plus de profondeur et moins de notes, l'ivresse, l'intrépidité de la passion qui s'indigne des obstacles qu'on oppose à ses transports. Le combat s'engage. L'orchestre en marque les coups périodiques par une succession de gammes que les premiers violons échangent avec les basses, et qui fuient devant l'oreille comme l'éclair précurseur de l'orage. Une suspension sur l'accord mélancolique de *septième diminuée* annonce la fin de la lutte. Le trio qui succède, entre don Juan, le commandeur expirant et Leporello, est un morceau unique dans l'histoire de l'art musical. Le génie de Mozart, tendre, profond, pathétique et religieux, s'y révèle tout entier. Écrit dans un rhythme solennel et dans le ton de *fa mineur*, si propre à disposer l'ame à une douce tristesse, ce trio, qui ne dure que dix-huit mesures, renferme, dans un cadre resserré et comme dans un accord suprême, l'idée fondamentale de ce drame mystérieux. Pendant que le commandeur exhale le dernier souffle de la vie, en poussant quelques notes entrecoupées de longs silences, Leporello l'accompagne par un murmure d'horreur que lui arrache le nouveau crime dont il vient d'être témoin. Homme du peuple, nourri des préceptes qu'il a puisés dans la famille et dans la religion de ses pères, il s'indigne, en tremblant, contre un maître impie qui ne respecte rien de ce que respectent les hommes. Malgré le trouble que lui inspirent les privilèges de la naissance et les prestiges de la grandeur, son ame se soulève devant une telle scélératesse, et le cri de sa conscience, c'est le cri de la société en péril et de la morale universelle.

Quant à don Juan, il plane au-dessus de ces phénomènes de la vie avec une intrépidité vraiment héroïque. Non-seulement il voit expirer sans aucune émotion le vieillard qu'il vient de tuer après avoir déshonoré sa fille, mais il insulte encore sa victime en homme convaincu que résister à ses passions, c'est résister à un progrès de l'esprit humain.

Ah ! gia cade il sciagurato…

dit-il sur des notes lourdes et frémissantes ; et lorsqu'il attaque par un *mi bémol* en haut, qui forme la note extrême d'un accord de septième dominante, cette phrase d'une fierté incroyable :

Gia dal seno palpitante
Veggo l' anima partir,

on dirait le génie des révolutions assistant à l'agonie d'un monde qu'il vient de terrasser. Ecoutez, à la fin de ce trio, le hautbois descendre, en pleurant, un fragment de gamme chromatique que reproduisent aussitôt après les violes, les flûtes et les bassons ! c'est un souffle religieux qui s'échappe d'un cœur oppressé comme pour nous avertir que la portée de ce drame est d'un ordre supérieur. Qui n a pas vu cela dans *Don Juan* n'a jamais compris Mozart.

C'est avec trois basses qui se coudoient incessamment dans les limites étroites d'une octave et demie, c'est avec des accompagnernens très simples et une grande économie de moyens que le maître produit des effets si puissans. Le fragment de gamme chromatique que soupire le hautbois, et dont chaque note tombe de sa voix plaintive comme une larme d'un œil ému, est un trait mélodique qui apparaît souvent dans le style de l'auteur de *Don Juan*. Et puis voyez avec quelle discrétion il termine ce morceau par un simple accord de sixte ! Il n'ajoute rien à ce qui est scrupuleusement nécessaire pour l'expression du sentiment, comme s'il craignait de distraire sa douleur par le faste du langage.

Dona Anna, qui, pendant le combat du commandeur avec don Juan, était allée chercher du secours, revient après le trio, accompagnée de domestiques et de don Ottavio. Elle jette un cri de terreur en apercevant le corps inanimé de son père. Le récitatif qui exprime son désespoir est de la plus grande beauté ; le duo qu'elle chante ensuite avec son fiancé est de ce style à la fois énergique et tendre qu'on admire à toutes les pages de cette admirable partition. La partie de don Ottavio est empreinte de cette délicatesse de sentimens, de cette réserve respectueuse d'un jeune homme bien né qui console la femme promise à son amour. Quoi de plus exquis, par exemple, que le passage suivant :

> Lascia, o cara,
> La rimembranza amara !

Dona Anna et don Ottavio partis, une ritournelle vive et brisée annonce l'arrivée de dona Elvira. L'air qu'elle chante est un morceau remarquable qui exprime une nuance très compliquée de la passion. En effet, dona Elvira est la femme légitime de don Juan. Il n'a pu la séduire qu'en touchant son cœur, qu'en l'attachant à sa destinée par un lien solennel. Il y a dans les cris et dans les larmes de cette femme non-seulement la douleur d'une amante qui implore, mais aussi l'indignation de l'épouse qui revendique la foi promise, son droit méconnu. Lorsqu'elle s'écrie avec transport :

Ah ! chi mi dice mai
Quel barbaro dov' è ?

On sent que, malgré les éclats de sa colère, elle est toute prête à pardonner, si un sourire de regret lui rappelle dans l'époux infidèle l'homme qui a su la charmer. Les imprécations de dona Anna nous apprennent quelle a été la proie de la ruse et de la force, tandis que les larmes de dona Elvira témoignent qu'elle est une victime de l'amour. La phrase qui forme la conclusion de ce bel air, écrite en notes syncopées qui se poursuivent et s'enflamment en se heurtant, est une explosion du cœur où la fureur se mêle à la tendresse. Don Juan, qui entend de loin la voix d'une femme éplorée, s'en approche en disant :

Cerchiam di consolare
Il suo tormento.

Ah ! oui, murmure tout bas Leporello :

Cosi ne consolò
Mille e otto cento.

Ces derniers mots nous préparent très bien à la scène qui suit. Leporello est chargé par don Juan, qui s'esquive, d'expliquer à dona Elvira les raisons qui lui ont fait déserter la maison conjugale. Il s'acquitte de sa mission en valet complaisant qui se joue de la douleur et de la crédulité de cette pauvre femme. C'est alors qu'il chante l'air si fameux de *Madamina,* où il énumère avec l'emphase et la malignité d'un historiographe les nombreuses conquêtes de son maître dans les différentes parties du monde. C'est la forfanterie de Joconde dans la bouche d'un subalterne, qui semble se glorifier lui-même en racontant les prouesses amoureuses d'un grand seigneur à qui il a l'honneur d'appartenir. Cet air présente la solution admirable d'un problème de l'art, le modèle d'un procédé dont on a beaucoup abusé de nos jours, et que Mozart avait emprunté à l'école italienne en le perfectionnant. Ce procédé consiste à déplacer momentanément l'intérêt musical en ne confiant à la voix humaine qu'une simple mélopée, une sorte de récitatif cursif et syllabique, propre à faire jaillir l'étincelle comique, à traduire nettement les aperçus de l'esprit, tandis que l'orchestre complète le tableau par la richesse des images, par la variété et l'élégance des accompagnemens. Déjà, dans *la Serva padrona* de Pergolèse, dans *la Buona Figliuola* de Piccini, mais surtout dans les opera buffa du Vénitien Galuppi, on voit apparaître le germe de ce système ingénieux où la vérité dramatique peut s'entourer de toutes les somptuosités de l'art, et où les délicatesses de la mélodie, les rêves du sentiment s'allient heureusement aux plaisirs de l'intelligence. Dès les premières mesures, on sent la verve comique pétiller dans l'accompagnement et préparer ainsi l'auditeur au récit pompeusement ironique que va faire Leporello. Tandis que les basses et les violons parcourent en trépignant les notes intégrantes de l'accord de *ré majeur*, les seconds violons et les altos remplissent le vide en plaquant tout entier l'accord parfait de la même tonalité. Survient-il une image gracieuse, un éclair de sentiment qui élève le récit à un degré plus lyrique, aussitôt la mélodie se développe, l'orchestre se colore et se remplit d'harmonies charmantes et mystérieuses. Ainsi, à la dix-septième mesure de la première partie, lorsque Leporello s'attache à spécifier le nombre de victimes que don Juan a faites dans chaque contrée, les hautbois et les cors font entendre un joyeux ramage de tierces qui égaie l'oreille, de même qu'un bouquet de fleurs printanières charme le regard. Pendant ce temps, les violons et les basses se défient et se répondent par des gammes diatoniques que les premiers descendent et que les secondes remontent avec une étincelante rapidité. Ce dernier trait d'accompagnement se trouve aussi dans l'air de *Non piu andrai* du *Mariage de Figaro*. Tout à coup le mouvement, la tonalité et la mesure changent. Leporello, voulant décrire les qualités physiques et morales qui attirent son maître auprès de chaque femme, se met à chanter un *cantabile* à trois temps où brille cette finesse tempérée de grace qui forme l'une des qualités intimes du génie de Mozart. Rien ne répugne, dit Leporello, au vaste appétit de don Juan, mon maître. Tout intéresse et captive son ardeur généreuse, les graces de la blonde, la constance de la brune aussi bien que la douceur de la blanche. Qu'elle soit marquise ou cameriste, petite ou grande, grasse ou maigre, peu lui importe, pourvu qu'elle appartienne au sexe qu'il adore et qu'il puisse l'inscrire sur sa liste de conquérant. Cependant son goût fin et délicat, fruit de son expérience et de ses longs voyages, trouve un bonheur tout particulier à posséder un jeune cœur qui s'ouvre pour la première fois aux flammes de l'amour. — Ici l'orchestre pousse un soupir chaste et douloureux, qui semble exprimer le regret de l'innocence perdue, et le bourdonnement des bassons qui s'en détache un instant après annonce que tout est fini et que l'idéal est immolé aux réalités de la vie.

L'air de *Madamina* est un morceau parfait dans son genre. C'est un mélange exquis de grace et de finesse, d'ironie et de sentiment, de déclamation comique et de mélodie, le tout relevé par la poésie et la science des accompagnemens. Rien de trop, rien d'excessif, tous les élémens concourent à l'harmonie de l'ensemble : chaque mot est illuminé par l'imagination du compositeur, sans que ces clartés de détail nuisent à l'effet général. La gaieté de Mozart est une gaieté bénigne, qui s'attaque aux vices et aux ridicules de la grandeur sans fronder l'autorité, qui se moque des résultats sans pénétrer jusqu'au principe ; c'est une gaieté sereine qui s'attendrit parfois, qui n'a rien de l'âcreté de la gaieté moderne.

Leporello et don Juan ayant quitté successivement la scène, l'on voit arriver une troupe de joyeux paysans. C'est une noce de village, c'est la jeune et jolie Zerlina avec son fiancé Masetto et leurs amis qui chantent et dansent en l'honneur de leur prochain mariage. Le chœur et le petit duo qui s'en détache sont d'une mélodie vive et gracieuse : c'est une idylle charmante, respirant la fraîcheur du printemps et les douces illusions de la vie. Don Juan et le ministre de ses plaisirs surviennent au milieu de cette folle et simple jeunesse. Après avoir jeté un regard de convoitise sur Zerlina, après avoir éveillé sa coquetterie par des propos galans, il ordonne à Leporello de le débarrasser de la jalousie de Masetto en conduisant tout ce monde dans son château. Leporello, exécute en murmurant les ordres perfides de son maître, et don Juan resté seul avec Zerlina, chante avec elle un duo qui est le joyau le plus adorable qui soit sorti des mains de. Mozart.

Qu'on se figure, par un beau jour de printemps, une allée fraîche et ombreuse où s'infiltre, à travers d'épais feuillages, une échappée de lumière, et au bout de laquelle on aperçoit un magnifique château dans le style de la renaissance. La moiteur de l'air, le murmure lointain des jets d'eau, le silence de la nature, le mystère, tout dans ce paysage charmant invite à la volupté. C'est là que don Juan, beau, jeune, entouré du prestige de la naissance et de l'éclat que donne l'élégance des manières unie à celle du langage, s'efforce de séduire le cœur d'une jeune fille simple et naïve. — Viens, lui dit-il (et nous traduisons ici bien moins le sens littéral des paroles de da Ponte que l'émotion produite par la poésie de Mozart), viens dans ce château que tu vois là-bas, j'y ferai ton bonheur.

La ci darem la mano
La mi dirai di si.

Tu deviendras la compagne de ma vie, j'entourerai ta personne de toutes les splendeurs de la fortune, tu seras la plus enviée de toutes les femmes. — Ces paroles qu'il glisse dans l'oreille attentive de la jeune fille la pénètrent et l'énervent comme un fluide mystérieux. Jamais le serpent fabuleux, jamais le tentateur armé de la ruse infernale n'enveloppa sa victime d'une séduction plus redoutable. Aussi la pauvre Zerlina, émue, fascinée par la puissance inconnue de ce doux langage, se sent-elle ébranlée jusqu'au fond du cœur. Elle répond en hésitant et les yeux à demi clos, comme pour éviter la trop vive clarté du bonheur auquel on la convie :

> Vorrei, e non vorrei
> Mitrema un poco il cor.

« Viens, viens, suis-moi, ô ma bien-aimée, réplique don Juan. — Mais que deviendra le pauvre Masetto ? — Laisse là les scrupules d'une pitié vulgaire, viens loin de la foule goûter les délices d'un éternel amour. » Subitement enivrée d'un rayon de folle espérance, Zerlina s'écrie avec transport : *Andiam* ! et ils s'enfuient et se perdent dans un lointain lumineux, parsemant l'espace de leurs joyeux accens,

> Quali colombe dal desio chiamate.

Jamais ce duo ne produit au théâtre l'effet prévu et désiré. Ces phrases courtes et délicates qui expirent avec tant de volupté et qui laissent sous-entendre plus de choses encore qu'elles n'en expriment ; cette pudeur dans le langage de la passion et cette économie discrète dans les accompagnemens qui en achèvent la peinture, exigent un style savant, exquis et profond, dont les virtuoses modernes ont à jamais perdu la tradition. Une seule fois, il nous a été donné d'entendre interpréter ce *rêve de bonheur* d'une manière digne de Mozart. Par une belle soirée d'août, nous nous trouvions à quelques lieues de la ville de…, dans l'habitation d'une noble famille qui employait ses loisirs à pratiquer le bien et à cultiver le beau. Dans un grand salon où l'on voyait régner partout une élégante simplicité, quatre femmes étaient groupées autour d'une table sur laquelle une lampe ombragée de fleurs projetait une lumière douce et mystérieuse. Elles s'occupaient de ces petits ouvrages d'aiguille qui distraient la pensée sans fatiguer l'attention. Le salon donnait sur la pelouse d'un parc qui se prolongeait jusqu'à un petit bois que la lune couronnait de son disque argenté. La plus âgée de ces dames, la comtesse de…, joignait à une haute raison pratique une vive imagination. Elle était entourée de sa fille unique, Fanny, âgée de dix-huit ans, et de deux nièces, Aglaé et Frédérique, qui sortaient à peine de l'adolescence. Au milieu d'une causerie aimable, le domestique annonça le chevalier Sarti, et nous vîmes entrer un homme de trente-six à quarante ans, grand, bien fait, à la démarche un peu solennelle, au front ample et dégagé, d'une physionomie pleine de caractère et de charme. « Eh ! bonsoir, *caro cavaliere*, dit la comtesse au nouvel arrivé. Je suis d'autant plus heureuse de vous voir ce soir, que j'étais loin de m'attendre à votre bonne visite. » Le chevalier répondit à cet accueil aimable par un sourire et une franche poignée de main, puis il salua les trois jeunes personnes d'un ton plus réservé. Celles-ci levèrent toutes trois la tête comme trois beaux cygnes qui allongeraient leur cou gracieux pour contempler un objet qui les frappe. Chacune d'elles, en regardant le chevalier, laissa deviner son caractère dans l'expression de sa physionomie. Fanny, avec de beaux yeux noirs encadrés d'un cercle d'or, qui accusaient une origine méridionale et un pays aimé du soleil, lui fit un signe amical accompagné d'un sourire plein de grace et de langueur. Aglaé, vive comme une alouette, aux belles joues éclatantes de fraîcheur et de santé, lui souhaita le bonsoir avec une joyeuse cordialité, tandis que Frédérique, relevant avec dignité sa tête blonde et ses beaux yeux bleus enveloppés d'un nuage mélancolique, regarda long-temps le chevalier dans une attitude à la fois sérieuse et tendre. Ces trois jeunes filles venaient de révéler, à travers la diversité des caractères, une préoccupation commune et une rivalité secrète.

— Puisque nous avons l'avantage de vous posséder, *caro mio cavaliere*, dit la comtesse, nous allons faire un peu de musique, si vous le voulez bien. Je serais fort aise de faire connaître à ces messieurs, qui m'honorent de leur visite, les petits talens que nous cultivons dans notre humble retraite.
— Le chevalier s'inclina et répondit qu'il était aux ordres de la comtesse. Sur un signe de sa tante, Frédérique se leva et s'achemina vers le piano. À voir la taille charmante de cette jeune fille, son maintien recueilli et chaste, sa tête

penchée sous le poids de ses tresses blondes, on aurait dit l'image adorée de la Marguerite de *Faust*. — Que voulez-vous que je joue, ma tante ? dit Frédérique assise au clavier. — Chantez-nous du Mozart, ma nièce ; c'est le maître préféré des ames délicates et bien nées ; n'est-ce pas, *cavaliere* ? — On ne saurait mieux définir la musique de Mozart, répondit-il en prenant la partition de *Don Juan* et en s'approchant de Frédérique, qui préludait sur le piano. Après avoir feuilleté avec une distraction apparente la partition qu'ils avaient devant eux et s'être entretenus tout bas pendant quelques minutes, ils se mirent à chanter le duo *La ci darem la mano*. Dès les premières mesures, nous fûmes frappé de la manière élégante avec laquelle le chevalier chanta la phrase si exquise du début. Sa voix n'était qu'une espèce de baryton assez médiocre, mais son style savant et passionné était vraiment admirable et tout-à-fait digne de celui dont il interprétait la pensée. Frédérique lui répondit avec une voix de *mezzo soprano* un peu voilée, mais d'un timbre suave et pénétrant, et avec une expression si vraie, si simple et si profonde, que les larmes nous vinrent aux yeux. Lorsqu'elle fut arrivée à ce passage de l'andante, *presto non son piu forte*, où Zerlina, éperdue sous le regard qui l'enivre, avoue sa prochaine défaite, nous sentîmes un frisson parcourir tous nos membres. Chaque note s'élevait comme un sanglot vers le ciel et retombait sur nos cœurs comme un soupir d'amour. Les mots nous manquent pour exprimer l'émotion dont nous fûmes saisi au moment ou, don Juan pressant Zerlina de le suivre, celle-ci pousse ce cri suprême d'*andiam* ! Nos yeux et nos oreilles furent enveloppés tout à coup comme d'un nuage magique à travers lequel il nous semblait entendre, dans le lointain, deux voix se confondre dans un élan ineffable. Toute une destinée de femme fut emportée dans ce tourbillon, et Frédérique a pu dire depuis :

Quel giorno piu non vi leggemmo avante…

Nous passons vite sur l'air *Ah ! fuggi il traditor*, que chante dona Elvira après le duo de don Juan et de Zerlina, pour arriver au quatuor qu'il amène. Don Juan, poursuivi par les cris de dona Elvira, fait la rencontre fâcheuse de dona Anna et de don Ottavio. Sa position est en ne peut plus embarrassante entre une femme éplorée qui l'accable de reproches et deux personnages qui sont loin de soupçonner qu'il est l'assassin du commandeur. On ne sait ce que l'on doit le plus admirer dans ce morceau, de l'élégance des idées, de la souplesse du génie dramatique qui a su grouper, dans un cadre harmonique très resserré, les quatre principaux personnages, en conservant à chacun l'accent dominant de son caractère, ou de la simplicité des moyens avec lesquels le maître a produit des effets si variés et si merveilleux. Le quatuor est écrit dans le ton de *si bémol* à quatre temps, dans un rhythme lent, mais assez flexible pour suivre les mouvemens de la passion. Dona Elvira, s'adressant à dona Anna, lui dit, la voix trempée de larmes :
— Ne te fie pas à ce fourbe, ô pauvre infortunée ! il m'a trompée, il veut t'abuser aussi :

Non ti fidar, o misera,
Di quel ribaldo cor !

Me già tradi quel barbaro,
Te vuol tradir an cor.

Cette petite phrase de huit mesures, coupée au milieu par une césure en demi-cadence, est l'une des plus suaves que puisse exhaler le cœur d'une noble femme. Ce n'est pas, nous le répétons, la plainte d'une épouse irritée, mais celle d'une amante qui a perdu le seul bien de la vie et qui invoque la pitié des passans en racontant sa douleur. Si une fille du ciel, trahie par un enfant de la terre, voulait exprimer le désenchantement de son ame et les regrets d'un amour méconnu, elle parlerait la langue que Mozart prête ici à dona Elvira. Aussi dona Anna et don Ottavio sont-ils émus et frappés de la douce majesté de ses accens et de ses manières :

Cieli ! che aspetto nobile !
Che dolce maestà !

et c'est en vain que don Juan, voulant écarter tout soupçon, cherche à la faire passer pour folle,

La povera ragazza
È pazza, amici mei :

les cris et les sanglots qu'arrache à dona Elvira le nouveau mensonge de son séducteur finissent par jeter le trouble dans l'esprit de dona Auna et de don Ottavio. Don Juan, voulant sortir alors de cette position embarrassante, s'approche de dona Elvira et lui dit tout bas à l'oreille : —

Taisez-vous donc, vous allez vous faire remarquer par vos plaintes de mauvais goût ; soyez plus prudente. — J'ai perdu toute prudence, lui repond-elle avec indignation ; je veux que tout le monde connaisse tes crimes et mon malheur. — Et le morceau s'achève en faisant ressortir dans ensemble admirable le désespoir de dona Elvira, la pitié de dona Anna, celle de don Ottavio et la fourbe de don Juan. Si on examine de près ce quatuor, on est aussi émerveillé de l'habileté profonde du musicien que de l'inspiration sublime du poète. Il faut d'abord que la patrie de dona Elvira et celle de don Juan, que la situation place au premier plan, au premier plan, se meuvent, se poursuivent et dialoguent constamment, tandis que celles de dona Anna et de don Ottavio, personnages secondaires et passifs, marchent presque toujours ensemble, à la tierce l'une de l'autre. Chaque incident de la situation, chaque nuance du caractère et de la passion est mise en relief avec un soin et un bonheur inouis ! Ainsi, quand dona Anna et don Ottavio, touchés de la douleur de dona Elvira, expriment l'émotion étrange qu'ils éprouvent,

Certo moto d'ignoto tormento,

le rhythme se brise tout à coup en une succession de triolets qui éveillent la curiosité de l'oreille. Le doute a-t-il pénétré dans leur esprit, ils peignent l'incertitude qui les agite en descendant un fragment de gamme chromatique composée de *noires*, de *demi-soupirs* et de *croches*, éclair mélodique qui traverse le mode mineur comme une pensée amère traverse une ame sereine. Ce procédé est très habituel à Mozart il le reproduit encore sous ces paroles que chantent également les deux fiancés :

> Che mi dice
> Per quella infelice,

tandis que dona Elvira laisse éclater sa fureur en arpégeant une succession de notes qui amènent une modulation en *sol mineur*. Quant à don Juan, après quelques mesures d'une espèce de récit que dit tour à tour chacun des quatre personnages, il rentre dans le ton principal et prépare la péroraison avec une volubilité de paroles qui trahit son inquiétude. Il continue ses exhortations intéressées en murmurant tout bas quelques sons qui reviennent sans cesse sur un rhythme constant et précipité. Quelles nuances, quelle vérité, quel art profond de manier les voix ! Rien de parasite ; toutes les parties agissent, toutes les notes *portent* et *sont chaudes* du souffle de l'ame, comme dit un poète ; une harmonie des plus simples, partout la lumière et la vie, partout la science du langage venant au secours de l'émotion du cœur ! L'accompagnement est aussi exquis que la pensée. Chaque terminaison de phrase importante est répétée par l'orchestre, dont les imitations semblent un écho de la douleur, et le morceau s'achève sans redondante par un simple accord de septième dominante, qui va se reposer sur l'accord de la tonique, exhalé comme un soupir.

L'effet qui résulte de ce quatuor admirable, lorsqu'il est exécuté par des virtuoses qui en comprennent le sens et qui savent le dégager du milieu de ces phrases courtes et délicates, c'est une mélancolie douce et lumineuse qui s'élève de l'ame et se dilate comme un léger nuage. Si nous avions à porter sur la toile le pensée de Mozart et à la compléter par un paysage qui en serait la traduction, nous placerions cette scène au déclin d'un beau jour d'automne, sous une treille chargée de pampres dorées qui laisseraient voir au loin une campagne fortunée, un horizon infini couronne par les dernières lueurs d'un soleil généreux. C'est là que dona Elvira, en robe blanche, les cheveux épars et presque enveloppée par l'ombre du soir, laisserait échapper de son cœur oppressé le dernier souffle de l'idéal :

> At illa
>
> Flet noctem, ramoque sedens miserabile carmen
>
> Integrat, et moestis late loca fletibus implet[11].

Frappée de la voix et du maintien de don Juan, dona Anna a cru reconnaître en lui le meurtrier de son père. Elle pousse un cri de terreur après le départ du séducteur, et raconte alors à don Ottavio toutes les circonstances de la nuit funeste où elle fut surprise dans son appartement par un inconnu. Ce récitatif à grand orchestre est plein de mouvement et de passion, et nous le préférons à l'air qui suit, *Or sai che l'onore*, dans lequel dona Anna fait promettre à son amant de la venger.

Mais voici de nouveau don Juan, dont l'entrain, le *brio* et la gaieté impétueuse contrastent admirablement avec la fureur de dona Anna, qui vient de quitter la scène. Suivi de son confident Leporello, il lui ordonne de préparer une fête et d'y convier tous les habitans du pays. — Point de distinction, point de préférence injuste, dit-il ; que chacun participe aux dons de ma munificence, et si même tu aperçois sur la place quelque jeune fille à l'œil éveillé, emmène-la aussi avec toi ; qu'elle vienne partager et accroître la joie commune. Enivre les uns, fais danser les autres, occupe tout le monde ; et moi, pendant tout ce temps-là, profitant de la confusion générale, je voltigerai de belle en belle, donnant à chacune des témoignages de mon amour. — Quelle verve ! quelle désinvolture ! quel superbe dédain de la morale humaine ! quelle soif de plaisirs ! quel enthousiasme ! On dirait un disciple de Spinoza prenant son essor pour s'élancer dans le tout sans rivage de la vie universelle. Il fallait entendre Garcia chanter cet air de

Fin ch' han dal vino
Calda la testa,

dont l'accompagnement fermente, pétille et éclate comme du vin de Champagne. Garcia frappait un trille vigoureux, sur le mot *ballar,* qui termine la phrase incidente, et il le faisait sauter en l'air comme un bouchon qui cède à l'effort d'un gaz mal comprimé. On ne dirait jamais que cette musique est d'un Allemand ; c'est Mozart.

À cet éclat de gaieté folle qui rayonne comme le bouquet d'un feu d'artifice succède un morceau d'un genre tout opposé et d'une perfection plus rare encore : c'est celui que chante Zerlina pour apaiser la colère de son fiancé Masetto. Elle revient humblement auprès de lui les yeux baissés, *traînant l'aile*, et toute confuse d'avoir écouté avec trop de complaisance les propos séducteurs de don Juan. « Frappe, frappe la pauvre Zerlina, lui dit-elle ; arrache-moi les cheveux, arrache-moi les yeux, je supporterai tout avec résignation, et je baiserai les mains chéries qui daigneront me punir. Mais, je le vois, ton cœur s'attendrit… Touche là, ô mon bien-aimé ! et passons ensemble d'heureux jours. » Cet air de : *Batti, batti, o bel Masetto* ! se compose de deux parties exprimant les deux nuances du sentiment qui préoccupe la jeune fille. Dans la première, écrite à deux temps, dans un rhythme plein de langueur, elle conjure son amant de lui pardonner un instant de faiblesse, et dans la seconde, d'un mouvement plus vif et plus souple, elle s'abandonne à la joie de la réconciliation, en promettant à son futur époux un avenir de bonheur. Mozart a mis dans cet air adorable toute la tendresse de son ame, toute la suavité de son génie, toute l'élégance de son style inimitable. Chaque mesure semble réfléchir une nuance secrète du cœur. Voyez quelle grace naïve s'exhale de ce passage de la première partie :

> E le care tue manine
> Lieta poi soprò bacciar !

Peut-on implorer le pardon d'un amant irrité avec plus de tendresse : soumise et de chaste coquetterie que n'en met Zerlina dans la phrase suivante du second mouvement ?

> Pace, pace, o vita mia !

Cela est ciselé, fouillé comme un bijou sorti des mains de Benvenuto Cellini. Il y a dans l'accompagnement des détails, des *ricami*, des broderies d'une délicatesse extrême. Jamais on n'a exprimé avec plus de finesse les mille séductions innocentes de la femme, ces agaceries enfantines auxquelles un amant ne sait pas résister ; et cet accompagnement de violoncelle, qui suit la mélodie comme une ombre depuis la première mesure jusqu'à la dernière, ne dirait-on pas le murmure de la conscience témoignant de la sincérité du repentir de la jeune fille ? Que cela est profond et charmant[12] ! Après cet air, qui exprime le refoulement d'un vague désir d'indépendance, le retour à l'ordre d'une ame égarée et battue par l'orage, on peut s'écrier avec le poète :

Amans, heureux amans, voulez-vous voyager ?
Que ce soit aux rives prochaines[13].

Nous voici arrivés au finale du premier acte, page importante, qui fait époque dans l'histoire de la musique dramatique. Lorsque parut *Don Juan*, il n'y avait rien de comparable à ce morceau pour la complication des parties, des mouvemens, des modulations et des épisodes mélodiques, si ce n'est le premier finale du *Mariage de Figaro*, qui l'avait précédé d'une année ; en ceci comme en beaucoup d'autres choses, Mozart n'a donc eu de modèle que lui-même.

Ce fut un compositeur napolitain, Nicolas Logroscino qui, vers 1750, essaya le premier de terminer les actes des opéras bouffes par des morceaux d'ensemble d'un mouvement rapide, développant une succession de sentimens divers sur un thème unique. Il fut bientôt surpassé dans la conception de ces *finali* comme dans tout le reste par Nicolas Piccini, dont l'opéra bouffe *la Cechina ossia la buona figliuola*, composé à Rome en 1760, obtint un succès d'enthousiasme et fit le tour du monde. Les deux *finali* de *la Cechina*, qui furent considérés par les contemporains comme une grande innovation musicale, sont pourtant des morceaux assez simples. Anfossi, élève ingrat et jaloux de Piccini, dont il emprunta les idées, sut agrandir le plan et la forme du finale dans l'opéra *l'Incognita perseguitata*, qu'il composa à Naples en 1773, et qui eut également un très grand succès ; puis vinrent Cimarosa et surtout Paisiello, qui, dans le quintetto de *la Cuffiara*, dans le finale de *l'Idolo Cinese*, et bien mieux encore dans le délicieux septuor du *Roi Théodore* qu'il écrivit à Vienne en 1784, surpassa tout ce qu'on avait fait avant lui en ce genre. Cependant, si les Italiens ont créé l'opéra *buffa* et sont restés les maîtres dans l'art d'exprimer en musique l'entrain, la gaieté et la diversité des caractères comiques par des morceaux d'ensemble d'une facture élégante et compliquée, c'est à Gluck qu'appartient la gloire d'avoir traduit le premier, par des masses vocales et instrumentales le cri pathétique de la passion. Sans doute, Marcello dans quelques uns de ses admirables psaumes, Haendel dans ses oratorios immortels, avaient déjà réussi à peindre, par des effets de rhythme et de sonorité, l'exaltation lyrique de l'ame ; mais le chœur d'*Armide*, —

Poursuivons jusqu'au trépas, — et celui du second acte d'*Orphée* sont les deux seuls morceaux d'ensemble vraiment dramatiques qu'on puisse citer avant les beaux chœurs que Mozart a mis dans la partition d'*Idomeneo* et surtout avant le finale de *Don Juan.*

Pour varier ses plaisirs, pour fatiguer l'ardeur qui le dévore et le pousse incessamment vers l'imprévu, don Juan donne une fête à laquelle il a fait inviter, sans distinction, tous les habitans de la contrée. Dans un château qu'environne un parc magnifique et où éclate partout la somptuosité d'un grand seigneur, l'on voit arriver successivement Zerlina, Masetto, dona Elvira, dona Anna, don Ottavio et une foule confuse de paysans et de citadins. Tel est l'argument de cette grande scène, qui se subdivise en neuf épisodes, amenés et liés entre eux par la logique profonde des caractères et des situations. Chacun de ces épisodes est marqué tantôt par un changement de mesure ou de tonalité, tantôt par un thème nouveau.

Le finale commence par une querelle de ménage, qui a lieu dans la grande allée du parc, entre Zerlina et Masetto, dont la jalousie est plus alarmée que jamais. Après ce duo vivement dialogué, on entend la voix retentissante de don Juan qui vient au-devant de ses convives, en les encourageant à se livrer au plaisir.

Su ! corraggio o buona gente !

dit-il ; buvez, dansez, amusez-vous ! Que la bonne chère et la gaieté vous fassent oublier un instant les soucis de la vie.

— Les convives reprennent en chœur les paroles et la phrase musicale de leur amphitryon, puis s'éloignent en chantant. Cette courte et brillante introduction en *ut* majeur, dont les dernières mesures s'éteignent et s'évaporent en quelques accords mélancoliques, va se résoudre, par la prolongation d'une simple note que retiennent les seconds violons, dans le ton de *fa* naturel majeur. Alors don Juan, apercevant Zerlina, qui cherchait à se cacher derrière un bouquet d'arbres, s'approche d'elle avec mystère et s'efforce de l'attirer dans le kiosque voisin. La jeune *contadina* se défend avec une grace et une pudeur charmantes et le petit duo à trois quarts qui résulte de leur débat est d'une fraîcheur toute printanière. Quoi de plus exquis et de plus voluptueux que la phrase suivante de la partie de don Juan :

> Vieni un poco,
> In questo loco
> Fortunata
> Io ti vo far…

Brusquement interrompu par l'apparition de Masetto, qui épiait dans un coin la conduite de sa fiancée, don Juan l'accueille d'abord avec étonnement ; puis, se ravisant, il lui dit d'un ton amical : « La belle Zerlina est bien malheureuse lorsqu'elle n'est pas auprès de toi ! Ah ! je vous crois, monseigneur, » réplique Masetto d'un air narquois. Cet incident est relevé d'abord par une modulation passagère en *ré* mineur qui annonce l'arrivée inopportune du jaloux, et par un papillotement des premiers violons de l'effet le plus piquant. Pour couper court à ce dialogue embarrassant, don Juan fait signe de la main à un groupe de musiciens masqués qu'on aperçoit au fond du théâtre de commencer la fête. Aussitôt le petit orchestre attaque isolément un joli air agreste sur un rhythme nouveau à deux quarts, et les deux orchestres, réunis bientôt après aux voix de Zerlina, de Masetto et de don Juan, achèvent, par un crescendo vigoureux et plein de gaieté, le troisième épisode de cet admirable finale.

Après que les convives et les musiciens se sont retirés, quelques notes de l'orchestre, modulant dans le ton relatif de *ré* mineur, indiquent l'apparition de dona Elvira, de dona Anna et de don Ottavio. Ils arrivent tous trois déguisés, marchant d'un pas craintif à travers les ténèbres. C'est qu'ils ne se font pas illusion sur le danger de leur entreprise. Avertis par la clameur publique et par de sombres pressentimens qui semblent accuser don Juan d'être l'assassin du commandeur, ils ont résolu de venir observer sa conduite au milieu de la confusion inévitable d'une grande fête, et, comme ils savent d'ailleurs tout ce qu'on peut attendre d'un caractère aussi audacieux, ils cherchent à se rassurer contre le péril commun qui les menace. Chacun de ces trois personnages met une nuance particulière dans l'expression du sentiment qui le préoccupe. Il y a de la fureur dans les paroles de dona Elvira, de la grace dans les encouragemens de don Ottavio, tandis que dona Anna s'inquiète avant tout du danger que peut courir son époux.

Temo pel caro sposo,

dit-elle sur un fragment de mélopée en *sol mineur*, d'un caractère plein de tristesse. Ce récit, comme celui d'Ottavio et d'Elvira, est accompagné par un frémissement incessant des premiers et des seconds violons, entrecoupé de sombres accords, et ce dessin continu qui exprime si bien le trouble religieux des nobles personnages, Mozart le reproduira à peu près intact dans le finale du second acte, juste au moment où la statue du commandeur vient frapper à la porte de don Juan. Quelle unité et quelle profondeur !

Leporello ayant ouvert une fenêtre pour laisser pénétrer dans la salle du festin la fraîcheur du soir, on entend les violons du petit orchestre, qui est derrière les coulisses, dégager les premiers accords d'un menuet adorable. « Voyez un peu, monseigneur, les beaux masques que voilà, s'écrie Leporello. — Eh bien ! Fais-les entrer, répond don Juan d'un air dégagé et courtois. — Approchez donc, *signore maschere*, réplique le majordome ; mon maître serait heureux, si vous daigniez prendre part à la fête. » Après un moment d'hésitation, après s'être consultés et avoir comprimé un tressaillement d'horreur qu'ils éprouvent à la vue de l'homme fatal qui pèse sur leurs destinées, dona Elvira, dona Anna et don Ottavio se décident à poursuivre jusqu'au bout leur dangereuse entreprise ; mais, avant d'entrer dans le château qui cache tant de ténébreux mystères, ils s'arrêtent sur le seuil, et, l'ame émue d'une sainte terreur, ils adressent au ciel l'une des plus touchantes prières qui aient été écrites par la main des hommes. L'hymne qu'ils chantent est le fameux trio des masques ; c'est un de ces rares morceaux qui, par la clarté de la forme, par l'élégance et la profondeur des idées, émeuvent la foule et charment les doctes. Satisfaire à la fois l'intelligence des forts et le cœur de tous, n'est-ce pas le but suprême de l'art ?

Un changement de décor nous introduit dans la salle du festin magnifiquement, illuminée. Des deux côtés de la scène, on voit deux orchestres qui n'attendent qu'un ordre du maître pour donner le signal de la fête. Don Juan, plein de verve et de bonne humeur, se promène au milieu de ses nombreux convives qu'il excite à la joie. Le thème à six-huit et en *mi bémol* majeur, sur lequel don Juan brode ses propos galans, est plein de franchise et d'élégance. Les réponses de Zerlina, le dialogue de Leporello avec Masetto, dont la jalousie est constamment en éveil, les éclats de la foule, tout cela forme un ensemble où se dessinent harmonieusement les *aparté* des divers personnages. Cette brillante conversation est interrompue par l'arrivée des trois masques que nous avons laissés à la porte du château, et dont la présence est annoncée par un nouveau changement de mesure et de tonalité. Leporello, puis don Juan, vont au-devant d'eux avec courtoisie, et les engagent à prendre leur part du plaisir commun. « Ma maison est ouverte à tout le monde, ajoute le maître avec l'ostentation d'un grand seigneur, et tout ici invite à la liberté. » Sur un ordre de don Juan, le bal commence par le délicieux menuet, dont le rhythme onduleux à trois-huit, confié au grand orchestre, se prolonge indéfiniment comme une pensée fondamentale. Peu à peu, et successivement, les deux petits orchestres qui sont sur le théâtre entament, l'un une contredanse, et l'autre une valse, dont les rhythmes différens, venant se superposer sur le rhythme primitif du menuet, agacent l'oreille et piquent l'attention. Pendant que don Juan danse avec Zerlina en lui disant mille douceurs, que Leporello cherche à distraire Masetto, les trois personnages masqués observent dans un coin la conduite de don Juan, qui leur arrache de temps en temps des soupirs douloureux et des exclamations d'horreur.

Un cri perçant s'élève tout à coup du milieu de cette foule enivrée. *Gente ajuto ! ajuto* ! s'écrie Zerlina éperdue, que don Juan vient d'entraîner dans une chambre voisine. Les musiciens s'enfuient épouvantés, et les convives irrités enfoncent la porte d'où s'échappent les cris de la victime. Don Juan en sort précipitamment, l'épée à la main, tenant par les cheveux Leporello, qu'il feint de vouloir immoler pour détourner sur lui les soupçons des assistans ; mais sa ruse infernale ne trompe personne. Dona Anna, dona Elvira et don Ottavio se découvrent et apostrophent don Juan d'une voix terrible en lui disant : *Tutto gia si sa,* on sait tout et vous êtes connu. Surpris d'abord et décontenancé, don Juan se rassure bientôt, et, se retournant tout à coup comme un lion poursuivi dans son dernier refuge, il affronte la multitude courroucée, qu'il brave et défie. L'orage gronde dans l'orchestre, qui se soulève et monte par un *crescendo* et un unisson formidables, spirale infinie qui sillonne l'espace, et qui, comme la *buffera infernal*, balaie les cieux et en obscurcit les clartés. Le tonnerre gronde dans les basses, les éclairs jaillissent de toutes parts, et don Juan, intrépide, *impavidus*, au milieu de cette conflagration de tous les élémens harmoniques et de la colère des hommes, puisant dans l'idéal qui l'illumine une force héroïque, se fraie un passage à travers la foule tremblante qu'il accable de son mépris.

Tel est ce morceau incroyable qui, par la multiplicité des épisodes, par la variété des caractères, par l'infinie délicatesse des détails, par la grandeur du plan et la puissance des effets, ne peut être comparé qu'au *Jugement dernier* de Michel-Ange. C'est tout un drame où la passion se mêle au sourire et à la tristesse religieuse, conçu et exécuté par un génie qui unissait la grace de Raphaël, la mélancolie de Virgile à la sombre vigueur de Dante et de Shakespeare. Rien de ce qui a été fait depuis ne s'approche de ce finale incomparable où tous les maîtres ont puisé à larges mains, et Rossini plus que tous les autres. La *stretta* qui termine le finale du *Barbier de Séville* procède évidemment de celle du premier finale de *Don Juan*, où Mozart a concentré toutes les beautés partielles de son œuvre.

Le second acte s'ouvre par un petit duo : *Eh ! via buffone*, entre don Juan et Leporello, querelle de ménage lestement traitée et qui n'a pas de suites fâcheuses. Le trio qui succède, *Ah ! taci ingiusto core*, chanté par dona Elvira,

Leporello et don Giovanni, est un morceau exquis par les détails de l'art et par la profondeur du sentiment. Dona Elvira, tristement accoudée sur un balcon, laisse errer son regard mélancolique dans la pâle clarté de la lune qui enveloppe sa taille élancée d'une ombre transparente. Malgré la scène horrible à laquelle elle vient d'assister, malgré les torts de don Juan, elle ne peut encore le haïr et en effacer l'image dans son cœur. Elle essaie vainement de refouler les soupirs qui s'échappent de son sein, et qui sont un témoignage de la durée et des inconséquences de son amour. Don Juan, qui a reconnu dona Elvira et qui n'a rien de mieux à faire pour le moment, s'amuse à lui adresser de nouvelles protestations de fidélité avec une telle exagération de fausse sensibilité, que Leporello a bien de la peine à contenir son hilarité. Aux sons de cette voix aimée qui lui rappelle les plus doux souvenirs de sa vie, la pauvre dona Elvira ouvre son ame à l'espérance et pardonne à l'ingrat qui l'a tant fait souffrir. En écoutant ce trio délicieux composé de phrases courtes burinées d'une main si savante, rempli de modulations qui fuient comme les reflets d'une robe blanche dans une nuit d'été, il semble qu'on entende un concert de voix lointaines dont une brise parfumée nous apporterait les harmonies ineffables.

La sérénade *Deh ! vieni alla finestra*, que don Juan, sous le costume de Leporello, chante sous le balcon de dona Elvira pour mieux la tromper encore, est une mélodie charmante, d'une couleur toute méridionale et vraiment espagnole. L'accompagnement de mandoline, que les instrumens à corde soutiennent par des accords plaqués, achève le tableau et complète l'illusion. Nous passons sur l'air que chante encore don Juan : *Metà divoi*, et nous arrivons à celui de Zerlina : *Vedrai carino*, qui est un chef-d'œuvre de grace. Ce caractère de Zerlina est la plus heureuse création de Lorenzo da Ponte, qui semble avoir réuni sur cette gentille *villanella*, dont le nom est vénitien ainsi que celui de son fiancé Masetto, la finesse, la flexibilité, la coquetterie enfantine et caressante de la fille des lagunes, que les poètes populaires qualifient de *bio'nda, tenera e grassa*. Mozart aura voulu sans doute être agréable à son ami da Ponte, en mettant dans la bouche de sa chère Zerlina les notes les plus suaves et les plus enivrantes de son génie. On conçoit que Masetto ne puisse résister à ce chant divin ; de plus forts que lui y succomberaient. Après ce dernier air de Zerlina, arrive le fameux sextuor reconnu pour une des merveilles de l'art. Leporello, sous le costume de son maître, est entré dans la maison de dona Elvira, qui croit avoir reçu dans ses bras son époux repentant. Pendant que Leporello cherche, dans l'obscurité, une porte par où il puisse échapper au danger qui le menace, surviennent successivement d'abord dona Elvira, puis dona Anna et don Ottavio, Zerlina et Masetto. Tous, justement irrités contre don Juan, et encore sous l'impression de la scène du bal, ils se disposent à faire justice d'un si grand coupable, lorsque Leporello se découvre et se fait reconnaître en demandant pardon. Un cri de surprise générale, traduit par une modulation admirable, groupe les voix éparses, resserre l'harmonie, et donne le signal de la longue et savante péroraison de ce beau morceau. Aucun musicien n'a su comme Mozart exprimer les nuances des caractères et le contraste des passions dans un vaste tableau sans que la perfection désespérante des détails nuise jamais à l'effet grandiose de l'ensemble La tendresse de dona Elvira, la douleur profonde de dona Anna, la grace élégiaque de don Ottavio et de Zerlina, la fureur de Masetto et la poltronnerie de Leporello, sont mises en relief dans cet admirable morceau avec autant d'aisance que si chacun de ces personnages chantait isolément. C'est que la science de Mozart est la science des grands poètes : elle se caché sous l'inspiration qui la domine, et, comme la chaleur, ne se trahit que par sa bienfaisante influence. Qu'on lise une partition de Cherubini, par exemple, et l'on verra la différence qu'il y a entre un musicien d'un immense savoir, qui combine froidement ses effets, et un compositeur sublime comme l'auteur de *Don Juan* ou celui de *Guillaume Tell,* dont la main court, rapide, sous l'impulsion irrésistible d'un démon mystérieux. Disons toutefois que ce sextuor est parfois d'une harmonie trop fouillée, trop travaillée, et que les traits de vocalises qui échappent à la fureur de dona Anna nous paraissent une distraction du goût de Mozart.

Dans ce drame, où se trouvent exprimés tous les sentimens éternels du cœur humain, l'attention est constamment éveillée par une variété incessante, qui fait succéder une image riante au plus sombre tableau. Ainsi, après un morceau de Leporello : *Ah ! pieta, signori miei,* voici venir celui de don Ottavio : *Il mio tesoro intanto*, qui serait le plus bel air de ténor qui existe au monde sans celui du *Mariage secret* de Cimarosa : *Pria cite spunti*. Il fallait entendre Rubini déployer dans ce morceau si exquis de Mozart toutes les délicatesses de son style et toutes les magnificences de sa vocalisation.

Nous approchons de la catastrophe. Don Juan, s'en revenant à la chute du jour de ses courses vagabondes, traverse avec Leporello un cimetière où il aperçoit la statue du commandeur, dont il insulte la mémoire par d'horribles blasphèmes suivis d'éclats de rire. *Di rider finirai pria dell' aurora ; — au lever de l'aurore, tu auras cessé de rire*, lui répond d'une voix lugubre l'ame trépassée du commandeur. Et Mozart a trouvé ici le moyen de rendre hommage au génie de Gluck, en empruntant à un passage de son opéra d'*Alceste*[14] l'harmonie presque littérale qui accompagne cette mélopée, d'un caractère si profondément religieux. — Dis à ce vieux fou que je l'engage à souper avec roi, réplique don Juan avec ironie. Le duo *O statua gentillissima* traduit d'une manière merveilleuse la terreur de Leporello et l'étonnement mêlé d'inquiétude qu'éprouve don Juan, cet étonnement que Molière a exprimé par ces mots significatifs : *Allons, sortons d'ici* !

Après un air de dona Anna : *Non mi dir*, chargé de fades vocalises qui prouvent que les plus beaux génies sont obligés de payer un tribut aux caprices du mauvais goût, voici enfin le finale du second acte, qui résume et termine cette *divine comédie*. Il se divise en cinq épisodes, subdivisés chacun en autant de nuances, de mouvemens et de tonalités ; qu'il survient d'émotions diverses dans l'ame des personnages. Constamment logiques, les personnages développent, au jour de la lutte suprême, les conséquences du caractère que, dès la première scène, ils ont accusé.

Dans une belle salle du palais de don Juan éclairée *à giorno*, on voit une table somptueusement servie et des musiciens tout prêts à égayer de leurs concerts le souper du maître. Celui-ci s'assied en chantant avec désinvolture que ce monde ne doit pas être une vallée de larmes, et que, quand on est riche, on a raison de se divertir. Les musiciens du petit orchestre entament alors un petit air élégant dont le rhythme à six-huit pétille comme les vins généreux que Leporello ne cesse de verser dans la coupe avide de don Juan, qui s'épanouit et rayonne à ce banquet de la vie où il a toujours été un *fortuné convive*. Au milieu de fraîches bouffées d'harmonie et de gais propos de table qu'il échange avec Leporello, dont il se plaît à surprendre la gourmandise, survient dona Elvira tout éplorée. Plus amante qu'épouse, toujours inquiète sur le sort de celui qui a troublé son cœur et sa destinée, elle vient faire un dernier effort pour le ramener à de meilleurs sentimens et détourner le coup qui le menace. Ses prières, ses larmes, ses imprécations, qui attendrissent Leporello, n'arrachent à don Juan qu'un sourire moqueur et un éloge magnifique du vin et de la femme, gloire et consolation de l'humanité. Tout cela forme un trio plein de verve, de contrastes et de passion.

En se retirant désespérée, dona Elvira pousse un cri d'effroi dans la coulisse qui se propage dans l'orchestre et en agite les profondeurs. « Va voir ce que c'est, » dit don Juan sans s'émouvoir davantage. Et Leporello, revenant tout effaré, raconte qu'il a vu la figure du commandeur, dont il imite la marche pesante et cadencée. Il serait impossible d'exprimer par des paroles l'agitation fiévreuse qui règne dans l'orchestre pendant tout ce dialogue. Voulant s'assurer de la cause de cette frayeur, don Juan prend une bougie et va lui-même au-devant de son convive, qui frappe à la porte à coups redoublés. L'entrée de la statue est annoncée par une succession de longs et lourds accords en *ré mineur* que nous avons déjà entendus au début de l'ouverture et qui ébranlent le sol de leurs vibrations formidables. « Tu m'as invité à souper, me voici, » dit le commandeur. Et, sur un ordre de don Juan qui ordonne à Leporello de préparer un nouveau souper, l'esprit de la Mort lui crie : « Arrête ! Ce sont d'autres besoins qui m'amènent ici. Je t'invite aussi à venir partager le pain dont je me nourris ; viendras-tu ? — Je viendrai, » répond don Juan avec une intrépidité que rien n'arrête. Et, pendant ce dialogue sublime, les accompagnemens reproduisent les progressions chromatiques, les dissonances âcres et terribles qui ont été entendues au premier acte au moment du duel. « Donne-moi donc ta main, reprend le commandeur. Et soudain un froid mortel pénètre le cœur de don Juan sans ébranler son courage. « Repens-toi. — Non. — Repens-toi, te dis-je, *scelerato* ! — Non, non, jamais, » réplique don Juan, qui, au milieu même de douleurs surhumaines et déjà livré aux esprits infernaux, conserve la foi d'un néophyte souriant à l'aurore d'une vie nouvelle. Il disparaît ainsi sous la terre, qui s'entr'ouvre pour l'engloutir.

IV

Le génie de Mozart, on peut le comprendre maintenant, réunit les dons les plus rares, et c'est l'alliance même de facultés si diverses qui prépare merveilleusement l'auteur de *Don Juan* à opérer une conciliation féconde entre toutes les parties de l'art. Enfant, Mozart étonne le monde musical par les prodiges de son talent d'exécution ; homme mûr, il tient et surpasse tout ce qu'avait promis sa jeunesse. Il excelle dans tous les genres, il étend sa domination sur tout le vaste empire de l'art, depuis la *canzonetta* jusqu'au poème dramatique, depuis la *sonata* jusqu'à la symphonie. Son imagination, aussi variée que profonde, aussi tendre que sublime, exprime tous les sentimens de la nature humaine, depuis le demi-sourire de la grace et les transports de l'amour jusqu'aux sombres terreurs de l'ame religieuse ; car il ne faut pas oublier que c'est la même plume qui a écrit *le Mariage de Figaro* et la messe de *Requiem*. Après avoir ainsi traité tous les genres et parlé toutes les langues dans des œuvres diverses, Mozart se résume dans un effort suprême, et nous donne, avec la partition de *Don Juan*, la plus complète expression de son génie.

Le type de don Juan, créé par la légende chrétienne et par la fantaisie du peuple espagnol, avait été modifié une première fois par Molière, qui avait fait du libertin de

Séville un hypocrite élégant de la cour de Louis XIV. Ce type, si diversement interprété par Molière et par Tirso de Molina, est repris par Mozart, et revêt entre ses mains une physionomie nouvelle. Le hasard, qui semble parfois remplir les intentions de la Providence, donne pour collaborateur au musicien allemand un homme dont l'esprit vif et fécond, l'imagination riante, la vie aventureuse et la sensualité insatiable sont merveilleusement propres à seconder son génie dans cette œuvre capitale. Lorenzo da Ponte avait deviné l'ame religieuse et mélancolique de Mozart : il s'inspire des tendances de l'immortel artiste aussi bien que des événemens de sa propre destinée, et il trace un canevas admirable où il fait entrer, comme dans le bouclier d'Achille, mille souvenirs charmans de sa jeunesse, la poésie folâtre et les voluptés faciles de la belle Venise, sa patrie. C'est dans un cadre ainsi préparé par un enfant des lagunes et un ami de l'humoriste Charles Gozzi que Mozart va exhaler les tristesses et déployer les magnificences de son génie. Il communique d'abord à son héros la fièvre de l'idéal dont il est tourmenté lui-même depuis sa plus tendre enfance, et puis il le pénètre de cette audace révolutionnaire, de cette ivresse de la vie, de cette foi dans la toute-puissance de l'esprit humain, qui caractérisent la seconde moitié du XVIIIe siècle. Autour de ce personnage titanique qui s'avance en brisant tout ce qui fait obstacle à sa destinée, Mozart place trois femmes adorables exprimant, trois nuances différentes du sentiment : l'une, dona Anna, représente la grandeur déchue, la noble fierté de la patricienne, l'éternelle douleur de la vertu outragée ; l'autre, dona Elvira, l'exaltation, la perpétuité et l'ineffable tristesse de l'amour dédaigné ; la troisième, Zerlina, c'est la plébéienne éveillée par la fantaisie, qui aspire aux régions supérieures de l'existence. À côté de ces trois fleurs charmantes se trouvent l'élégant don Ottavio, le bouffon Leporello, le paysan Masetto et le commandeur, chef vénérable de la famille antique, qu'enveloppe et couronne le merveilleux du christianisme, c'est-à-dire tous les élémens du vieux monde qui va bientôt disparaître.

Ce que Mozart a mis de personnel et d'intime dans ce drame terrible, c'est la tendresse de son cœur, que le moindre mot amer faisait déborder ; c'est la mélancolie divine de son ame, qui, frappée dans ses affections les plus chères, se sentait défaillir à la fleur de l'âge ; c'est, enfin, la piété douce et profonde dans laquelle il avait été élevé par des parens qui offraient un modèle de la famille chrétienne, sa foi naïve dans les symboles du catholicisme, dont la sombre poésie le faisait sangloter sur son lit de mort, alors qu'il écrivait d'une main tremblante l'hymne de l'autre vie, le *Requiem*. « Ah ! disait-il un jour à un protestant de ses amis, vous avez votre religion dans la tête et non dans le cœur ; vous ne sentez pas, comme nous, ce que veulent dire ces mot : *Agnus Dei qui tollis peccata mundi, dona nobis pacem* ; mais, lorsqu'on a été, comme moi, introduit dès sa plus tendre enfance dans le sanctuaire mystique de notre religion, que, l'ame agitée de vagues désirs, on a assisté au service divin où la musique traduisait ces saintes paroles :

Benedictus qui venit in nomine Domini ! oh ! alors, c'est bien différent. Plus tard, lorsqu'on s'agite dans le vide d'une existence vulgaire, ces impressions premières, restées ineffaçables au fond du cœur, se ravivent et montent à l'esprit comme un soupir qui se dilate. » On voit que Mozart avait le secret de son génie et qu'il possède la tendresse et la mystérieuse profondeur d'une ame religieuse.

Faust et don Juan personnifient, nous le répétons, les deux tendances extrêmes de notre nature ; ils nous offrent la double expression d'un siècle qui a divinisé la toute-puissance des passions humaines. L'un veut saisir l'infini et le bonheur suprême en s'enfermant dans les ténèbres de la pure intelligence, l'autre en se plongeant dans les phénomènes de la sensibilité, où il espère trouver une éternelle jeunesse. Le drame de Goethe, le poème de Mozart, ont été conçus au milieu de ce grand mouvement philosophique et littéraire qui agite l'Allemagne à la fin du XVIIIe siècle, et la nationalité commune des deux grands artistes n'est pas leur seul point de ressemblance. Nés à quelques années d'intervalle l'un de l'autre, Wolfgang Goethe et Wolfgang Mozart, qui ne se sont jamais connus, étaient doués tous les deux d'une imagination magnifique et sereine. Maîtres et souverains chacun dans son art, parlant toutes les langues et rompus à tous les styles, ils joignaient à l'émotion profonde, au spiritualisme du peuple allemand, la précision, l'élégance et le fini des poètes et des musiciens de race latine. Tous deux aiment l'Italie, tous deux y sont appelés par une attraction secrète, et tous deux la quittent le cœur plein de regrets, l'imagination remplie de lumière et de parfums dont ils enrichissent la langue de leur patrie. Leur muse, comme une ame exilée, semble tourner incessamment le regard vers ces contrées bienheureuses et chanter avec Mignon : *Connais-tu ce pays où fleurissent les citronniers* ? Enfin, Goethe et Mozart ont tous deux résumé les inquiétudes, les aspirations de leur siècle, dans un drame sublime où le merveilleux de la légende chrétienne s'unit à l'esprit philosophique des temps nouveaux.

Le génie universel de Mozart s'était familiarisé avec toutes les écoles sans avoir de prédilection exclusive pour aucune. Il étudia avec la même ferveur les maîtres du Nord et ceux du Midi ; il sut féconder la science harmonique de l'école des Bach par la mélodie italienne. *Il n'y a pas de maître en musique que je n'aie lu et relu plusieurs fois*, avouait-il, et sur sa table on voyait les œuvres de Sébastien Bach à côté de celles de Durante et de Leo. Il avait une profonde admiration pour Haendel, qui, disait-il souvent, *connaît à fond la science des grands effets* : quand il veut, *il frappe comme le tonnerre.* Il faisait grand cas de Jomelli, il goûtait le talent facile de Vincenzo Martini, tandis qu'il estimait aussi peu Haase que Graun. Mozart est le vrai créateur de l'opéra allemand. Avant lui, on ne peut citer en ce genre que les essais d'un homme de génie, Basilius Keyser, et les mélodrames de George Benda, que Mozart affectionnait. L'auteur de *Don Juan* a grandi et transformé le cadre de l'opéra italien en développant les morceaux d'ensemble, en y faisant entrer l'orchestre d'Haydn, dont il a vivifié les couleurs par une application plus parfaite des instrumens à vent traités avec un soin tout particulier. Gluck a eu aussi beaucoup d'influence sur Mozart : il lui a appris le langage élevé des passions, il lui a le goût des grandes péripéties traduites par des masses chorales ; mais l'auteur d'*Idomeneo* et de *Don Juan* est supérieur au chantre d'*Orphée*, d'*Aleste* et d'*Armide*, par la variété des idées, par la souplesse du style, par la diversité des accens, par la complication et le développement des morceaux d'ensemble et par la science des accompagnemens. Mozart est presque le seul compositeur allemand qui ait su écrire pour la voix humaine. Ses mélodies, quelquefois un peu courtes sont toujours confiées aux cordes faciles de l'organe, sauf les cas exceptionnels où le goût du maître a dû subir la tyrannie d'un virtuose. Ses accompagnemens si intrigués, si remplis d'étincelles, de reflets et de mouvemens divers qui font les délices des connaisseurs, restent toujours subordonnés à la mélopée vocale, dont ils suivent les sinuosités sans la dépasser ni l'obscurcir. C'est que Mozart sait placer chaque chose à sa place. Génie harmonieux, moitié allemand et moitié italien, il ne confond pas la symphonie et son domaine infini avec la mélodie vocale, expression des sentimens individuels et bornés de l'homme. Il tempère la force, par la grace, les élans lyriques de l'imagination par les effusions de l'ame, et, comme Virgile, Raphaël et l'art antique, il émousse la crudité des passions et transfigure la réalité. Son style a la suavité de

Pergolèse et la vigueur de Gluck. Mozart est le chantre de l'amour idéal, le Platon des musiciens.

Après la mort de ce grand maître, l'art musical, dont il avait embrassé toutes les parties, se divise en deux grands courans. Weber et Beethoven, du côté de l'Allemagne, rompent cet équilibre merveilleux des deux élémens constitutifs de l'opéra tel que l'avait conçu l'auteur de *Don Juan*. Génies autochthones, venus en pleine terre germanique dont la sève puissante les remplit d'élans épiques et d'aspirations grandioses, ils introduisent la symphonie dans le drame lyrique. Les effets d'instrumentation et les masses chorales vont prédominer sur la mélodie vocale ; la peinture des phénomènes, la traduction des harmonies mystérieuses de la nature, prendront la place de l'expression des sentimens individuels, c'est-à-dire que le souffle du panthéisme absorbera la personnalité humaine, dont Mozart est le musicien par excellence. Beethoven voulait terminer sa carrière en mettant en musique le *Faust* de Goethe. Il est à regretter que ce grand homme n'ait pas réalisé son projet ; nous posséderions dans la même langue le drame de la pensée, que nous pourrions comparer au drame du sentiment, *Don Juan*.

Rossini, d'un autre côté, est resté fidèle à la tradition de Mozart et au génie mélodique de sa patrie. Dans son œuvre admirable et variée, la voix humaine conserve la prépondérance qu'elle doit toujours avoir sur la scène lyrique. L'orchestre achève, complète et vivifie la peinture des caractères et des situations. Homme de son temps et de son pays, pressé de vivre et de jouir des progrès accomplis, Rossini flatte la foule, il marie l'instrumentation allemande à la mélodie italienne, dont il développe les proportions et retrempe la vigueur. Il excelle à peindre le choc des passions, les transports de l'amour, l'irradiation de la gaieté et de la jeunesse, les agitations infinies de la vie, mais d'une vie qui ne doit pas avoir de lendemain. Jamais le rayon de l'invisible ne descend sur cette musique pleine de sang et de lumière qui respire la volupté. Le règne de Rossini est de ce monde, tandis que Mozart chante l'amour qui, faute de la terre, aura le ciel pour récompense.

Gluck, Mozart et Rossini représentent trois époques différentes de l'histoire de la musique dramatique et de l'esprit humain. Le premier a exprimé dans ses tragédies le pathétique de la passion, les émotions fortes et sérieuses du cœur, les éclats solennels, les grands désordres de la haine et de l'amour, la tendresse paternelle et la dignité royale. Son style tendu et sublime, comme celui de Corneille, et son œuvre, d'une couleur plus antique que moderne, marquent le premier éveil du véritable drame lyrique. Mozart, qui vient après, est aussi grand musicien que poète sublime. Il chante la grace et les sentimens exquis des natures supérieures, les douleurs mystérieuses de l'ame qui entrevoit des horizons infinis, les tristesses et les voluptés d'une civilisation avancée. Il a l'élégance, la profondeur et la personnalité des patriciens. Son génie dédaigne les appétits grossiers de la foule ; jamais il n'emploie de formules banales pour capter l'approbation du vulgaire. Il dit ce qu'il veut dire sans se préoccuper du public qui l'écoute, et ses cadences s'arrêtent où s'arrête sa pensée. Il est le musicien des nuances, mais des nuances qui réfléchissent la délicatesse de l'ame, et non pas de celles qui expriment les raffinemens de l'esprit. Il a la piété d'un enfant, la tendresse et la pudeur d'une femme, et son langage passionné, mais chaste et religieux, ne s'adresse qu'à ces natures d'élite qui sont toujours en minorité sur la terre. Rossini, au contraire, s'échappe bruyamment de ce monde enchanté ; il enfonce les portes de la cité divine ; il fait passer dans son œuvre la fougue impétueuse et la folle gaieté d'une génération qui prend possession de la vie avec une fiévreuse impatience. Mozart occupe une place unique dans l'histoire de l'art et de l'esprit humain. Il vient à une heure propice, au déclin d'une civilisation dont il résume les merveilles. Créé à la veille d'une révolution qui doit changer la face du monde, l'opéra de *Don Juan* est l'expression éternelle des tristesses de l'idéal et des pressentimens de l'avenir.

P. SCUDO.

1. ↑ Alfred de Musset, *Spectacle dans un fauteuil.*
2. ↑ Expression de Goethe dans ses *Mémoires.*
3. ↑ Cette qualification de *valet-musicien* indique quelle était alors la position des artistes en Allemagne.
4. ↑ *Odyssée*, chant XXII, vers 33 et suivans. Platon a dit à peu près la même chose en d'autres termes : « Quiconque frappe à la porte des Muses, s'imaginant à force d'art se faire poète, reste toujours loin du terme où il aspire. » *Phédon*, trad. de V. Cousin.

5. ↑ De Nissen, p. 414 ; Oulibicheff, t. Ier, p. 134.

6. ↑ De Nissen, p. 456.

7. ↑ *Revue des deux Mondes*, 1ᵉʳ août 1847.

8. ↑ C'est ainsi que parle le don Juan de la scène espagnole.

9. ↑ Tome 1ᵉʳ, p. 196.

10. ↑ *Dictionnaire de Musique*, art. Ouverture.

11. ↑ *Géorg.*, chant IVe, vers 513, 14 et 15.

12. ↑ Dans un quintetto de Beethoven pour piano, hautbois, clarinette, cor et basson, on retrouve le thème de cet air délicieux.

13. ↑ La Fontaine, fable des *Deux Pigeons*.

14. ↑ Voyez dans la partition française de l'*Alceste* de Gluck l'harmonie qui accompagne ces paroles : *Malheureuse ! où vas-tu ?*